1판 1쇄 발행 2025년 7월 30일

기획 이정모 | **글** 정원영 | **그림** 황교범

펴낸이 윤현숙 | **디자인** 구민재page9 | **마케팅** G점토, 이혜영
펴낸곳 양양하다어린이 | **출판등록** 2025년 6월 24일 제2025-000159호
주소 경기도 고양시 일산동구 중산로 70 | **전화** 070-8098-7190 | **팩스** 02-2137-0954
이메일 yyhdbooks@gmail.com | **인스타그램** @yyhdkids

ISBN 979-11-993620-1-7 (74400) | 979-11-993620-0-0 (세트)

이 책은 저작권법에 따라 보호를 받는 저작물이므로,
이 책의 전부 또는 일부를 이용하려면 반드시 저작권자와 양양하다어린이의 동의를 받아야 합니다.
잘못 만들어진 책은 구입하신 곳에서 교환해드립니다.

기획 **이정모** ◆ 글 **정원영** ◆ 그림 **황교범**

기획의 말

지구 멸망 프로젝트는
어떻게 시작되었을까?

우리는 역사를 왜 배울까요? 선조들의 찬란한 문화유산을 배워서 우쭐우쭐하려는 걸까요? 아닙니다. 역사책에 등장하는 나라들은 모두 망한 나라들입니다. 로마제국, 비잔틴제국, 당나라, 수나라, 한나라, 고구려, 백제, 신라, 고려, 조선 모두 망했습니다. 우리는 그 나라들이 어떻게 망했는지를 배우는 겁니다. 왜? 어떻게 하면 우리가 망하지 않고 지속가능할지 따져 보기 위해서입니다.

자연사도 마찬가지입니다. 우리는 자연사박물관에 왜 갈까요? 거대한 공룡과 고래 밑에서 멋진 사진을 찍기 위해서

일까요? 아닙니다. 자연사박물관에는 멸종한 생명들이 전시되어 있습니다. 그들의 멸종을 배우기 위해 자연사박물관에 가는 겁니다. 3억 년 동안 고생대 바닷속에 바글바글하던 삼엽충은 왜 사라졌는지, 1억 6천만 년 동안 중생대 육상을 지배하던 공룡들은 왜 멸종했는지를 배우기 위해서입니다. 왜? 어떻게 하면 우리 인류가 멸종하지 않고 지속가능할지 따져보기 위해서입니다.

국립과천과학관과 서울시립과학관의 과학자들이 모여 〈지구 멸망 프로젝트〉 시리즈를 쓰는 이유도 바로 여기에 있습니다. 시리즈의 주인공인 아이돌 그룹 '엠알스'와 그들의 매니저 정모 박사는 사실 지구로 잠입한 화성인들입니다.
생명이 살기엔 너무 척박한 화성, 그곳에 필요한 생명 자원과 환경 자원을 지구에서 가져오기 위해 이들은 '지구 멸망 프로젝트'를 시작합니다.

엠알스와 정모 박사 일당은 지구를 멸망시키기에 충분한 작전과 이를 실행할 지식과 기술을 갖고 있습니다. 화성을 위해 지구를 멸망시키겠다는 사명감도 넘칩니다. 게다가 이들의 정체를 모르는 지구인들은 엠알스 일당을 열렬히 사랑하기까지 합니다. 왜냐고요? 엠알스니까요. 엠알스의 지구 멸망 프로젝트의 성공 여부는 오로지 지구인에게 달려 있습니다. 지구인들이 지구를 얼마나 사랑하는지, 그들이 과학을 얼마나 이해하고 있는지에 달린 것입니다.

지구인은 지구를 정말 사랑할까요? 지구인들은 화성인들의 음모를 이겨 낼 능력이 있을까요? 그 대답은 이 책을 읽고 있는 지구인에게 달려 있습니다. 지구인이여, 부디 지구를 지켜내 주세요. 그러기 위해서는 먼저 지구를 사랑해야 합니다. 그리고 지구와 생명에 대한 지식을 쌓아가야 합니다. 화성인의 음모를 과연 지구인들이 이겨 낼 수 있을까요?

준비가 되었다면, 이제 페이지를 넘겨보세요.

2025년 7월
이정모

머리말

'작전 01. 남극 빙하를 없애라'를 시작하며

공기, 중력, 태양, 가족의 공통점은 무엇일까요? 바로 늘 우리 곁에 있다는 점입니다. 너무도 당연하게 우리 곁에 있어서 때로는 그 존재 자체를 의식하지 못하기도 하지요. 우리 삶에 없어서는 안 될 소중한 존재임에도 그 고마움을 잊고 지낼 때도 많고요.

공기는 눈에 보이지 않지만 우리가 숨을 쉬는 데에 늘 있고, 우리 몸은 그 덕분에 여러 기능을 하며 살아갈 수 있답니다. 장난감이 바닥에 떨어져 망가지거나, 넘어져 무릎이 까져 속상한 마음이 들더라도, 중력이 없다면 우리는 걸어 다니지도, 달리지도 못한 채 지구 위에 발을 붙이고 살지도 못할 테고요.

무더운 여름, 햇살에 눈이 너무 부시고 더위에 지쳐 힘들 때도 있지만, 태양이 없다면 지구의 모든 생명은 에너지를 얻지 못할 거예요. 부모님께는 불평불만이 가득하고 형제자매 간에는 다툼이 끊이지 않지만, 그래도 가장 사랑하는 사람을 꼽으라면 늘 함께하는 가족을 떠올리는 것과 마찬가지입니다.

이 책은 이처럼 우리가 살아가는 데 있어서 잊지 않고 소중히 여기며 감사해야 하는 것들을 이야기합니다. 그리고 소중한 대상들을 위해 우리가 해야 할 일이 무엇인지를 떠올려 볼 거예요. 우리가 지키고 고마워해야 할 존재들을 잃고 나서 후회하고 슬퍼하지 않도록 하기 위해서지요. 수많은 생명이 살아가는 터전인 이 지구에서, 소중한 존재들이 함께 하는 다시 못 올 바로 지금, 이 순간을 간직하기 위해서랍니다. 그리고 바로 우리, 이 책을 읽는 여러분 모두가 각자 삶의 주인공이 되어 함께 지켜내면 좋겠습니다.

정모 박사와 모어, 아리, 루카, 새미와 함께 떠나는 모험 속에서, 우리 친구들도 재미를 느끼고, 그 마음에 공감하며 신나는 상상과 즐거움을 가득 채우길 바랍니다. 또한 몰랐던 사실을 알게 되는 기쁨, 우리가 할 수 있는 수많은 일들을 떠올리는 뿌듯함, 그리고 그 마음이 소중한 실천으로 이어지기를 바랍니다.

마지막으로, 지금 이 순간 책을 읽고 있는 여러분 모두를 소중히 여기며, 어찌 보면 당연한 이 말에 진심을 가득 담아 전합니다.

"늘 곁에 있어 주어서 정말 고맙습니다."

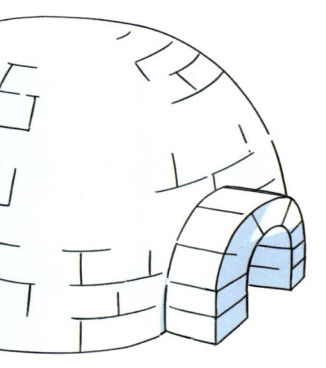

2025년 7월

정원영

차례

기획의 말
지구 멸망 프로젝트는 어떻게 시작되었을까? • 4

머리말
'작전 01. 남극 빙하를 없애라'를 시작하며 • 7

캐릭터 소개
엠알스, 그리고 이 책의 주인공들을 소개합니다 • 12

지구 최고의 아이돌, 엠알스의 진짜 정체는?

경쟁 아이돌 출현! 긴급 대응 회의 소집 • 18
콘셉트 코드명 : 빙하 콘서트 • 23
남극행 최종 결정 • 28

`오늘의 보고` 엠알스 컴백과 프로젝트 시작 • 33

빙하 콘서트를 기획하라

따뜻한 남극?! • 36
드디어 이글루 본부 탄생 • 42
SNS 아이디어 회의 중! 그리고 블리자드 • 50

`오늘의 보고` 남극 본부 건설, 그리고 긴급 사태 발생 • 59

남극이 간직한 비밀

남극에서 만난 펭귄, 아델리 • 62
아델리의 하소연 • 71

오늘의 보고 블리자드 이후 구조 작전 및 남극 생물 접촉 • 79

다시 뭉친 우리, 지구의 진실을 만나다

남극 대원이 알려준 사실 • 82
남극 운석 탐사에 따라간 새미 • 96

오늘의 보고 멤버 재집결 및 남극 이상 기후 정보 확보 • 103

악플은 싫어! 위기의 엠알스

화성이 그리워! • 106
다시 시작 • 113
엠알스에게 악플이라니! • 117
정모 박사의 악플 대처법은? • 124

오늘의 보고 남극 콘서트 논란과 작전 목표 조정 • 133

남극 빙하 콘서트의 대성공 feat. 오로라

남극 빙하 콘서트, 좋아요 • 136
콘서트 뒤에 숨은 비밀들 • 146
지구 멸망 프로젝트는 끝나지 않았다 • 155

오늘의 보고 성공적인 남극 콘서트, 작전 재조정 • 159

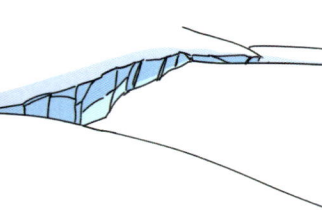

캐릭터 소개
엠알스, 그리고 이 책의 주인공들을 소개합니다

지구를 멸망시키러 화성에서 온 아이돌 그룹

그들의 임무는 단 하나. '지구 멸망 프로젝트'에 성공하여 화성을 살리는 것이다. 첫 번째 작전은 남극의 빙하를 몽땅 옮겨오는 '빙하 콘서트'. 하지만 남극에 도착한 순간부터 모든 계획이 조금씩 어긋나기 시작한다. 펭귄과의 우정, 지구 친구들의 외침, 무엇보다 엠알스 팬클럽 '밍즈'의 무한한 사랑…. 정모 박사와 엠알스의 지구 멸망 프로젝트는 과연 성공할 수 있을까?

지구에서 일어난 5번의 멸종을 경험한 화성의 전설적인 과학자

엠알스의 매니저이자 지구 멸망 프로젝트의 총책임자로, '나 때는 말이야'로 시작하는 이야기꾼이다. 헛기침('크흠')과 잡담이 많아 보이지만 위기관리 능력이 뛰어나며, 마음이 따뜻하다. "자, 다들 모여 보렴."이라고 운을 떼면 중요한 이야기를 하는 순간이다. 때때로 지구에 애정을 보여 프로젝트 수행과 개인 감정 사이에서 갈등하기도 한다.

에피소드 콘서트 기획, 이글루 건설, 프로젝트 변경 등 대부분의 의사결정을 주도한다. 지구가 좋아서 지구 멸망 작전을 실패하는 것은 아닌지 의심되기도!

새미

**모범생 과학덕후로,
엠알스의 리더이자 래퍼**

엠알스의 실질적 브레인으로, 책 읽기를 좋아하고 정모 박사에게 과학 교육을 받은 '꼬마과학실' 출신이다. 성실하고 책임감이 강하며, 정보에 밝다.

<u>에피소드</u> 운석 탐사 참여, 빙하 콘서트 콘셉트 기획, 작사 등 엠알스의 리더로서 역할을 다한다. 종종 화성에 대한 향수에 빠지는 감성적인 면도 있다.

모어

**디저트에 진심인
엠알스의 리드보컬**

밝고 용감하며, 엠알스 행동대장답게 위기 상황에서 큰 활약을 한다. 엉뚱한 면이 있어 장난스러운 아리와의 개그 케미가 있다. 손재주가 많아 엠알스 콘서트 의상 디자인도 담당하고 있다.

<u>에피소드</u> 얼음 디저트 만들기를 주도하고, 남극에서도 요리 욕심을 발휘한다. 팬과의 교류를 즐기고 과몰입하는 경향이 있다.

동물과 대화 가능한 엠알스의 막내이자 메인 댄서

모어보다 생일이 하루 늦어 엠알스의 막내가 되었다. 엠알스에서 귀여움을 담당하며 지구 동물 언어를 습득해 펭귄 등과 교감이 가능하다.

에피소드 남극에서 길을 잃었다가 아델리 펭귄과 친구가 된다. 지구 동물들을 화성에 데려가려는 임무를 맡았으나 지구 동물을 위하는 길을 먼저 생각하는 따뜻한 마음을 지녔다.

천재 AI로, 엠알스의 작곡과 무대 총괄 디렉터

화성에서 가장 진화된 완성형 인공지능 로봇으로, 데이터 분석 및 통신 능력이 탁월하다. 움직이는 걸 귀찮아하지만 위기 상황에서는 유능하게 정보를 수집하고 지원 업무를 한다.

에피소드 블리자드로 뿔뿔이 흩어진 멤버들의 위치를 추적하고, 무대 음향과 조명 시스템을 총괄한다.

1

지구 최고의 아이돌, 엠알스의 진짜 정체는?

경쟁 아이돌 출현! 긴급 대응 회의 소집

엠알스는 전 세계적으로 가장 사랑받는 아이돌로 손꼽히는 걸그룹이다. 모든 멤버들이 작사와 작곡, 안무에 참여하고 있으며, 춤과 노래, 랩 실력이 엄청나다. 무엇보다 기존의 아이돌에게서는 찾아볼 수 없는 신비하고 묘한 매력까지 지니고 있어 남녀노소 모두에게 인기가 많다.

　그런데 엠알스의 무대 밖에서의 모습에 대해서는 알려진 것이 거의 없다. 완벽하게 비밀로 감추어져 있어 화성에서 온 거 아니냐는 이야기가 나돌 정도다. 그런 점이 오히려 많은 이들에게 궁금증과 관심을 불러일으킨다. 그런 엠알스 앞에 새롭게 눈길을 끄는 아이돌이 데뷔를 한 것이다. 위기감을 느낀 엠알스는 새 앨범 작업을 시작하기로 한다.

매번 활동 때마다 색다른 콘셉트와 메시지로 팬들을 비롯한 많은 언론과 대중의 이목을 집중시켰던 엠알스! 이번 앨범은 과연 어떻게 진행될까.

"흐음… 고민이군…. 이번에는 프로젝트까지 성공시켜야 하는데…."

한참 고민에 빠진 정모 박사는 엠알스의 기획자이자 매니저이다. 이미 전 세계에서 사랑받고 있는 엠알스이지만, 이번 활동 재개는 유독 신경이 많이 쓰인다. 얼마 전 새로 데뷔한 핫한 아이돌 때문만은 아니다. 그동안 계속 미루어왔던 작전을 시작해야 할 때가 되었기 때문이다.

사실 엠알스와 정모 박사는 단순히 인기 있는 아이돌과 매니저가 아니다. 어마어마한 작전을 수행 중인 **화.성.인.**이다.

Oh My God! 화성인이라니!

태양계 4번째 행성이자 지구와 이웃한 화성에는 고도로 발달한 문명을 지닌 화성인들이 존재한다.

그들은 지구인이 감지할 수 없게 설계한 공간에서 살아가고 있어, 지금까지 지구인에게 들키지 않고 있었던 것이다. 그런데 최근 들어 지구의 과학기술이 점점 발달하면서 지구인이 화성 가까이 접근하여 착륙까지 시도하고 있으니 여간 신경 쓰이는 게 아니다.

또 우주의 카더라 통신에 따르면 지구인들이 우주 정복을 꿈꾸고 있으며, 첫 번째 발판으로 화성을 침략하려 한다는 것이다. 무엇보다 현재 화성은 문명에 필요한 에너지가 부족해지고 있어 다양한 자원과 에너지를 전 우주적으로 구해 와야 하는 상황이다. 그런데 마침 지구인 스스로 지구를 해치고 있는 것이 아닌가! 화성에서는 그런 지구인들을 보고, 곧 멸망할 지구에서 화성에 필요한 온갖 자원들을 털어 오는 프로젝트를 기획하게 되었다.

이름하여 '지구 멸망 프로젝트'.

이를 위해 엠알스는 지구 최고의 인기 아이돌이 되어 지구인들의 마음과 행동에 영향을 미치고, 그들의 지지를 받을 수 있는 최상의 여건을 지금까지 일구어 놓은 것이다.

콘셉트 코드명: 빙하 콘서트

"하암~ 좀 귀찮긴 하지만, 이제 때가 되긴 했죠."

"크흠… 루카, 귀차니즘이 다시 시작되는 거니? 귀찮은 일은 나, 정모 박사가 다 해줄 테니 걱정 말아라."

"참, 박사님, 빙하 콘서트라면, 지구의 빙하를 화성으로 보내는 건가요? 혹시 화성의 극관을 채우기 위한 작전?"

"역시 새미는 '정모의 꼬마과학실' 출신답군! 허허."

오호라! 이번 엠알스의 활동 콘셉트는 빙하 콘서트다. 지구의 빙하를 화성으로 보내서 화성에 있는 극관◆을 채우려는 계획이다.

지구의 남극과 북극처럼 화성에도 극지방에 얼음 지대인 극관이 있다. 그런데 화성의 극관은 물이 얼어 있을 뿐 아니라 화성 대기의 약 95%를 차지하는 이산화 탄소도 얼어 있는 상태로 함께 존재한다.

만약 엠알스가 성공적으로 지구의 빙하를 화성으로 옮길 수 있다면, 물 부족에 시달리던 화성인들은 더 이상 물 걱정 없이 지낼 수 있을 것이다.

◆ **극관** 화성의 남쪽과 북쪽 끝에서 얼음으로 덮여 하얗게 빛나 보이는 부분을 말한다.

"이제 우리는 얼음 캐러 가면 되는 건가요?"

"아이참, 아리, 진정해. 프로젝트 강령 잊었어? 지구인 스스로 멸망하게 유도해야 한다고!"

"힝~ 새미 언니, 미안. 내가 너무 신나서 흥분했지 뭐야. 그런데 빙하 콘서트에서 지구인들이 얼음을 많이 쓰게 하려면 어떻게 해야 하지?"

"빙하를 왕창 떼어 내어 콘서트 무대 장식을 만들어 볼까? 콘서트가 끝난 후에 그 빙하들을 화성으로 보내면, 지구인도 의심하지 않을 테고?"

"우와! 루카, 아이디어 좋은걸! 얼음으로 장식된 무대에서 춤추는 내 모습 상상만 해도 멋져. 모어 너는 빙하로 맛있는 빙수나 아이스크림, 얼음사탕 같은 간식을 만드는 건 어때?

"당연하지. 먹을 걸 빼놓는 건 엄청난 죄라고! 크크. 달콤한 빙하 디저트라니… 나는 무대보다 이게 더 기대돼!"

"훗. 빙하 디저트를 만들면 우리 팬클럽 '밍즈'가 사 먹기도 전에 네가 다 먹어치워 버릴 것 같은데…."

"히히! 역시 아리는 나를 잘 아는 군. 흠… 뭐 나를 위해, 아니 밍즈를 위해 아주 많이 만들면 되지! 지구의 빙하를 마구 쓰는 데에는 먹을 것 만한 게 없을걸!"

"모어, 먹는 것도 좋지만 공연장 주변에 놀거리를 만들거나 이벤트를 여는 것도 좋을 것 같아. 커다란 볼 풀장에 얼음 조각을 가득 채워서 얼음놀이터를 만들거나, 빙하 속 보물찾기 이벤트를 열어서 보물을 찾느라 빙하를 막 깨게 만드는 거지."

"오! 우리의 리더 새미 언니의 생각은 늘 옳아. 참, SNS에 아이스버킷 챌린지를 해 보는 것도 좋겠어."

"크흠… 모두 아이디어가 좋은걸! 다함께 즐겨 보자꾸나!"

역시 기획력과 창의력이 넘쳐나는 엠알스. 단순히 운이나 꼼수로 지구 최고의 아이돌 자리에 오른 게 아니었다. 이들 계획대로라면 전 세계의 엠알스 팬들이 스스로 자신들도 모르게 지구의 빙하를 파괴하게 될 것이다. 그리고 엠알스는 그것들을 잘 모아서 화성으로 보내기만 하면 된다.

음! **작전 대성공** 예감이다.

남극행 최종 결정

 엠알스가 빙하 콘서트 계획에 대해 한창 이야기를 나누는 동안, 정모 박사는 이번 활동의 주 무대를 고심하고 있다.
 오랜만의 컴백 활동으로 지구 최고의 아이돌로서의 자리도 지켜내야 하고, 지구 멸망 프로젝트도 성공해야 하니 어느 때보다 신중하게 생각해야만 한다.
 현재 지구의 빙하는 주로 높은 고산 지대나 극지방에 분포되어 있다. 히말라야, 알프스, 알래스카와 같이 높은 산악 지역에 있는 빙하는 그 수는 많지만, 규모는 작은 편이다. 한편, 훨씬 큰 규모로 땅을 덮고 있는 얼음 덩어리인 빙상은 현재 지구상에 그린란드와 남극 두 개뿐이다. 여러 개의 산악 빙하에서 콘서트를 여러 번 열 것인가, 그린란드나 남극 중 하나를 택해 대규모의 콘서트를 한 번 열 것인가를 정해야 한다.

 "크흠… 자, 다들 모여 보렴. 빙하 콘서트의 세부적인 계획은 차차 생각하고, 우선 콘서트 장소를 정해야 하는데…"
 "드디어 시작인가요?"

"그래, 새미야! 아… 나 때는 말이야, 2만 년 전만 해도 지구가 가장 추웠던 때였지. 지금에 비해 6도 넘게 평균 기온이 더 낮았으니 말이야. 빙하가 곳곳에 더 많이 덮여 있었어. 아… 그러다 1만 년 전쯤 되니 슬슬 기온이 오르더라고. 그때 매머드, 검치호랑이 같은 대형 동물들이 멸종했는데, 용케 인류는 살아남았단다. 그리고 나 때는 말이지….”

"아아~ 박사님! 라때는 그만! 그래서 그린란드와 남극 두 곳 중 우리 콘서트 장소는 어디예요?”

"크흠… 모어. 너는 함부로 내 말을 끊는 걸 좀 고칠 필요가 있어. 아무튼 그래! 새미, 네 생각은 어떠니?”

"전 북극의 그린란드가 좋아요. 남극에는 주거 목적으로 사는 지구인도 없잖아요. 지구인이 없는 콘서트는 좀….”

"헉! 관중이 없는 콘서트라니! 그럼 난 무조건 사람들이 사는 북극의 그린란드야. 우리 콘서트를 기다리는 '밍즈'를 실망시킬 순 없지. 모어, 넌 어때?”

"나도 아리와 같이 그린란드에 한 표. 얼음성에서 성대한 콘서트를 하고 싶어. 우리 밍즈들에게 빙하 디저트도 만들어 주고 싶고….”

"그런데 그린란드는 덴마크령의 땅이야. 거기서 콘서트를 하려면 이것저것 허락받을 것도 많고 번거로워! 일정에 맞춰 못 하게 될 수도 있지. 누구의 땅도 아닌 남극에서 해야 우리 프로젝트를 실행하기 좋을 거야."

"흐음… 루카 이야기를 들으니 고민인걸! 난 다시 남극에 한 표. 콘서트를 못하면 프로젝트도 실패하는 거잖아. 우리의 첫 작전부터 실패할 순 없지! 그리고 새미 언니, 언니 말대로 지구인이 살고 있지 않은 곳이라면 오히려 우리의 새로운 도전이 더 큰 주목을 받지 않을까? 그리고 '빙하' 하면 딱 떠오르는 것도 남극이잖아."

"모어, 네 이야기를 들으니 남극이 나을 것 같아. 나도 찬성이야! 리더로서 열심히 해볼게. 아리, 네 생각은?"

"헤헤. 그럼 나도 다시 남극으로! 그런데 왜 그린란드는 얼음으로 뒤덮여 있으면서 이름에 '그린'이 들어간 거야?"

#그린란드 유래에 따르면, 10세기 말 이 땅을 처음 발견한 사람이 더 많은 사람들이 이민 오길 바라는 마음에서 녹색의 땅이라고 이름 붙였다고 해. 또 처음 발견했을 때 해안 지역의 파릇파릇한 땅을 먼저 보았기 때문이라는 이야기도 있고….

"자! 다들 모여 보렴. 이제 모두의 의견이 모아진 것 같구나. 이번 엠알스의 빙하 콘서트 장소는 바로 '남극'이다!"

사실 정모 박사는 처음부터 남극을 염두에 두고 있었다. 남극 대륙은 지구 육지 면적의 약 9.2%나 되고, 남극 빙상의 두께도 최대 4.8킬로미터까지 달하니, 화성으로 아주 충분한 양의 빙하를 보낼 수도 있겠다고 생각한 것이다.

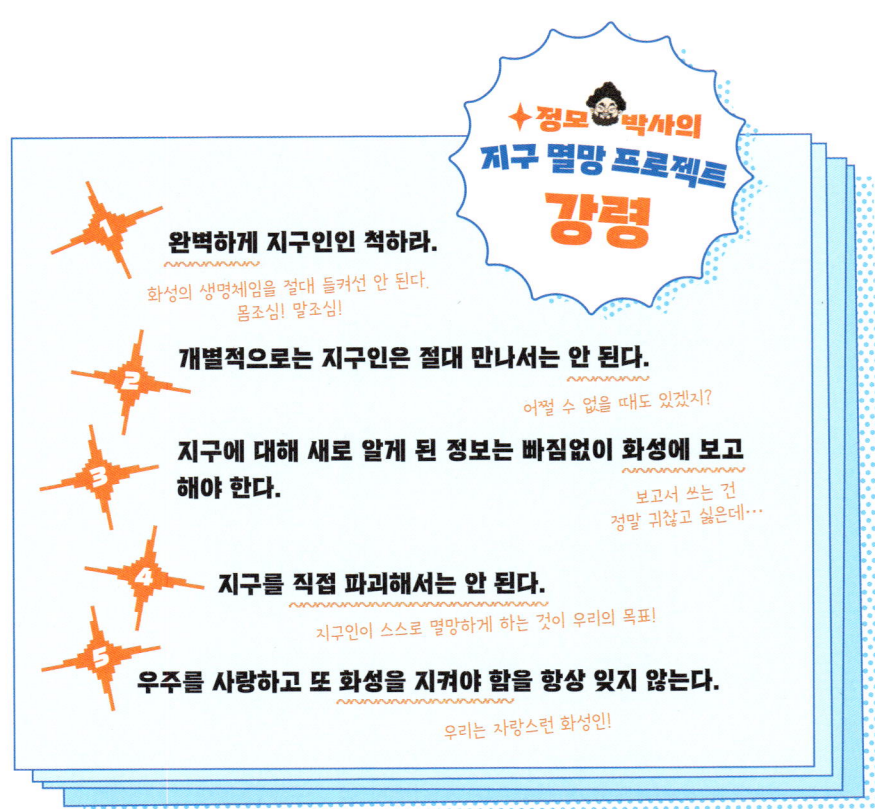

오늘의 보고

엠알스 컴백과 프로젝트 시작

- ☑ 최근 지구에서 새로운 아이돌 그룹이 데뷔함. 이에 지구 최강 아이돌인 엠알스의 명성을 놓치지 않으려고 새 앨범 작업을 시작, 이 시기에 지구 멸망 프로젝트도 본격적으로 시작하기로 함. 첫 번째 목표는 지구의 빙하를 화성으로 옮기는 것임.

- ☑ 엠알스의 컴백 무대를 남극에서의 '빙하 콘서트'로 결정함. 얼음을 활용한 무대, 이벤트, 간식 홍보를 통해 지구인들이 스스로 빙하를 소비하도록 할 계획임.

- ☑ 남극은 현재 지구상에서 가장 많은 양의 담수 얼음이 존재하는 지역이며, 빙하의 대부분이 물 성분이어서 화성의 극관에 물 자원을 보충하기에 이상적임.

- ☑ 작전 성공을 위해, 엠알스 멤버들은 지구 아이돌 활동을 병행하며 지구인의 경계심을 누그러뜨리고 있음. 지구인은 현재까지 엠알스가 화성인임을 전혀 눈치채지 못하고 있음.

향후 과제

- ☑ 컴백 콘서트 계획 수립
- ☑ 얼음 채집을 위한 지구인 참여 이벤트 기획
- ☑ 얼음 수송 계획 수립 및 보안 유지

주의 사항

- ☑ 지구인은 은근히 눈치가 빠름. 너무 티 나지 않게, 하지만 충분히 유쾌하게 작전을 지속할 것! 엠알스 파이팅, 화성을 위하여!

2

빙타 콘서트를 기획하라

따뜻한 남극?!

남극은 엄청 추워서 단단히 무장을 하고 가야 한단다.

지금까지 가장 낮은 기온이 무려 영하 89도였으니!

헤헷! 겨우 영하 89도요?

그 정도 추위는 끄떡없어요.

화성에서는 영하 153도까지 내려간 적도 있잖아요!

드디어 남극으로 떠나는 날! 비밀리에 출국 일정을 잡기도 했지만, 온 몸을 꽁꽁 싸맨 터라 남극까지 가는 길에 엠알스를 알아보는 지구인은 아무도 없었다. 다른 아이돌들은 공항 패션을 위해 일부러 한껏 멋을 내기도 한다는데, 패션을 포기한 채 자신들의 목적에 충실한 엠알스였다.

막상 남극에 도착하니 이게 웬걸! 꽁꽁 싸맨 모습이 무색하게 덥게 느껴질 정도였다. 게다가 새하얀 얼음으로 덮여 있기는커녕 파릇파릇한 땅이 곳곳에 드러나 있었다.

"박사님! 여기 남극 맞아요?"

"크흠… 분명 남극으로 설정했는데…. 지금 내 눈앞에 보이는 모습은 나도 믿기지 않는구나…."

#현재나의위치추적에 따르면
우리가 있는 곳은 남극 대륙이 맞습니다.
정확히는 남극 서쪽에 있는 해안가입니다.

"역시 나는 틀리지 않았어. 거봐라. 루카가 여기 남극 맞다고 하잖니. 하하."

"춥다고 겁주신 것치고는 너무 안 추운데요? 대한민국의 겨울 날씨랑 비슷할 정도?"

"아리, 그게 말이야… 나도 좀 이상하긴 하단다. 지금 남극이 여름이긴 한데, 그렇다고 해도 많이 추웠는데 말이다…."

#남극의여름을 찾아보니,
남극의 여름철 평균 기온은 영하 30도 정도라고 합니다.
아까 박사님이 가장 추울 때가 영하 90도 가까이
된다고 했던 거에 비하면 엄청 따뜻한 편이죠.
음… 영하 30도를 따뜻하다고 말하긴 좀 그렇지만… ;;

"지금이 영하 30도라고? 외투를 벗었는데도 별로 안 추운데? 내 몸이 이상한 건가."

"크흠… 아리야, 아무리 추위를 안 탄다고 해도 외투를 다 벗어버리다니! 여긴 남극이란다."

"흠. 그러면 **#현재기온측정**을 해 볼게요. 헉! 지금 기온이 영상 4도라니!"

"뭐라고? 그 정도면 얼음이 없는 거 아냐? 박사님, 남극에서 빙하 콘서트가 가능하겠어요? 땅에 파릇파릇 무언가가 자라고 있기도 하고요. 히잉! 이제 어떡해요?"

"모어, 진정해라. 나도 지금 너희와 같이 다 보고 있단다. 일단 주변을 둘러보며 사태 파악을 해야겠구나."

예상치 못한 남극의 모습에 당황한 정모 박사는 아리와 모어의 성화에 정신마저 사납다.

지구의 남극은 태양 에너지가 상대적으로 가장 적게 들어오는 곳이다. 그러니 아무리 여름이라고 해도 이렇게 따뜻할 수 있는지는 정모 박사도 미처 몰랐다. 엠알스를 세계 최고의 아이돌 자리에 올려놓는 데에 집중하느라 한동안 지구를 파악하고 연구하는 데에 소홀하기도 하였다.

루카의 정보력과 새미의 통찰력에 도움을 받아 알아낸 것은 엠알스와 정모 박사가 도착한 곳이 남극에서도 비교적 기온이 높은 지역이라는 것이다.

남극은 매우 큰 대륙으로, 남극의 중심부와 가장자리 사이, 그리고 남극의 동쪽과 서쪽 사이에는 기온 차가 있다.

남극의 중심부는 가장자리에 비해, 동쪽은 서쪽에 비해 기온이 더 낮다. 그런데 엠알스와 정모 박사는 남극의 가장자리이자 서쪽의 해안가에 도착하는 바람에 생각보다 따뜻한 남극을 만나게 되었던 것이다. 게다가 하필이면 알 수 없는 까닭으로 남극에 며칠간 이상고온이 나타났던 시기와도 겹쳤고 말이다.

과연 앞으로 엠알스에게는 또 어떤 일이 일어날까?

드디어 이글루 본부 탄생

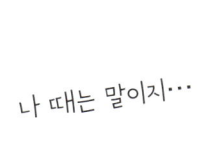

나 때는 말이지…

크흠… 이렇게 따뜻한 남극을 만나고 보니 옛날 생각이 나는구나. 나 때는 말이야, 4천만 년 전만 해도 남극이 이렇게까지 춥지는 않았단 말이지.

원래 큰 대륙에 붙어 있던 남극이 홀로 떨어져 나와서 남극해에 둘러싸이면서 섬이 되었단다…. 초반만 해도 숲이 있을 정도였으니 말이야.

(중략)

그러다 1천 7백만 년 전에 들어서야 땅이 모두 얼음으로 꽁꽁 뒤덮였단다. 그러니 생물들이 살 수 없게 된 거지. 다들 멸종하거나 다른 곳으로 이동하고…. 크흠… 또… 나 때는 말이야….

"앗! 박사님, 거기까지! 이번 라떼는 좀 길었어요. 얼른 본부를 차릴 곳을 찾아야 하잖아요! 동쪽 중심부로 들어가면 여기보다 훨씬 더 추울 거라는 거죠? 얼른 가요. 저 배고프다고요…."

"크흠. 그래, 모어. 이번에는 좀 길게 들어주었구나. 다음에는 더 길게 참아주면 참 고마울 텐데 말이지…."

정모 박사의 '나 때는 말이야'가 시작되면 모어가 늘 악역을 맡아 이야기를 끊곤 한다. 사실 흥미로운 이야기이지만, 아주 먼 옛날이야기부터 시작하기 때문에 계속 듣고 있으면 아무 일도 할 수 없을 정도다.

정모 박사의 나이는 참 미스터리다. '나 때는'이라고 하면서 수천만 년, 어떤 때에는 수억 년 전의 이야기까지 늘어놓는다. 지구의 나이가 46억 살이라는데, 정모 박사가 대체 언제부터 지구를 오가며 연구를 했는지 아무도 모른다.

다만, 지구에 일어났던 5번의 대멸종에 정모 박사가 깊게 관여되어 있을 거라는 소문이 널리 퍼져 있다. 화성에서 지구를 연구하던 정모 박사가 지구에 다녀오면, 지구에서는 그때마다 대멸종이 일어났다고 한다. 그래서 이번 지구 멸망 프로젝트에 책임자로 임명받은 것이다. 과연 정모 박사는 이번에도 지구의 6번째 대멸종을 이끌어 낼 수 있을까?

크흠…
나 때는
말이야….

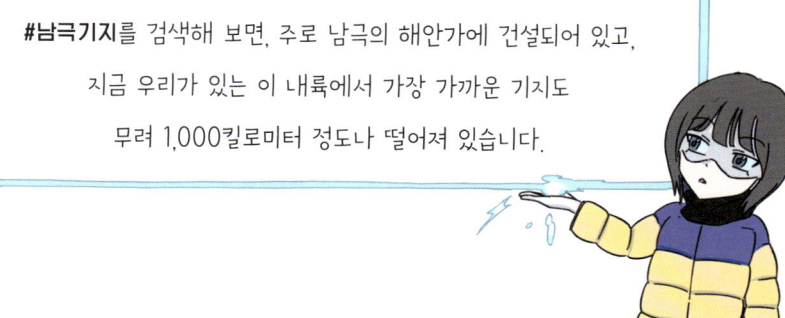

한참을 걸어 춥고 빙하가 많은 곳을 찾아 도착했지만, 보이는 건 하얀 얼음뿐, 본부로 삼을 만한 그 어떤 건물 형태도 보이지 않았다. 당연하지, 여기는 남극이 아닌가.

남극은 그 어떤 나라에도 속하지 않은 땅으로, 국제적인 남극 조약에 따라 관리되고 있다. 여러 국가들이 평화적 목적에 따른 과학 연구를 위해 남극에 기지를 건설하여 활용하고 있을 뿐이다. 그런데 엠알스가 본부로 삼기로 한 곳은 워낙에 남극에서도 험하고 추운 날씨를 자랑하는 지역이어서 주변에 남극 기지조차 없던 것이다.

"으앗! 그럼 이 얼음 위에서 눈과 바람을 맞으며 이대로 지내야 하는 거야? 아무리 우리가 화성인이어도 지구인의 몸으로 이 추위를 이길 수는 없다고!"

"모어, 나도 마찬가지야. 지구 최강 아이돌이 빙하 콘서트를 준비하다가 꽁꽁 얼어버렸다는 뉴스나 듣겠네. 아이고!"

"모어, 아리, 진정 좀 해. 어차피 우리가 콘서트랑 프로젝트를 준비하는 동안 지구인들이랑 가깝게 붙어 있어 봤자 들킬 위험만 커지잖아. 차라리 잘됐어. 여기에 우리가 직접 본부를 차리면 어때?"

"그런데 새미 언니. 본부를 지을 무슨 재료라도 있어야 할 것 아니야. 여기엔 얼음밖에 없다고! 우리 그냥 돌아가야 해. 제대로 준비해서 다시 오는 게 어때? 엠알스의 컴백은 좀 더 미루면 되지, 안 그래?"

"아리. 잠깐만! 좋은 생각이 떠올랐어. 바로 그거야!"

새미가 생각해 낸 본부의 모습은 바로 '이글루'였다. 이글루는 북극에 사는 원주민인 이누이트들이 눈과 얼음, 물을 이용해 짓는 집이다. 눈으로 단단한 얼음 벽돌을 만들어 벽을 쌓고, 안에서 얼음벽에 물을 뿌리면 물이 얼면서 열에너지를 방출해 이글루 내부에는 난방 효과가 발생한다.

이 원리를 떠올린 새미 덕분에 엠알스와 정모 박사는 멋진 이글루 본부를 짓고, 그곳에서 빙하 콘서트와 지구 멸망 프로젝트를 준비할 수 있게 되었다.

이글루를 짓는 거야!
엠알스만의 본부를 만드는 거지!

SNS 아이디어 회의 중! 그리고 블리자드

"크흠… 다들 얼음 벽돌 만들고 쌓느라 고생이 많았단다. 이 정도면 꽤 멋진 본부 아니냐?"

"히힛! 제 아이디어지만 정말 멋져요! 얼음집이라니…. 화성에 돌아가면 꼭 이런 이글루집을 지을 거예요. 마음에 쏙 들어요!"

"새미의 아이디어 덕분에 프로젝트와 콘서트를 미루지 않고 진행할 수 있게 되었구나! 정말 다행이야."

"그러고 보니 우리가 이글루를 만드느라 벌써 근처의 빙하를 꽤 많이 써버렸네요. 콘서트 끝나면 이 본부도 몽땅 화성으로 보내 버려요. 히히!"

 "모어, 그 전에 이글루 앞에서 우리 다 같이 기념사진을 찍는 거 어때? SNS에 올려서 엠알스의 이글루 본부가 유행하게 되면 전 세계 곳곳에서 이글루를 만드느라 빙하들을 다 캐 버릴 거야."

 "오! 루카, 굿 아이디어야! 벌써부터 우리의 프로젝트 성공이 그려지는데! 다들 이 럭키아리 옆에 붙으라고. 히히."

"크흠… 자, 이제 다들 모여 보렴. 맛있는 간식을 준비했단다. 내가 건물 지을 생각만 못했지, 생활에 필요한 다른 모든 것들은 준비했단 말이지!"

"역시 박사님은 우리 엠알스의 사랑입니다."

"모어, 간만에 내 칭찬을…. 이제 나는 충분히 쉬었으니 주변을 둘러보고 와야겠구나."

"어? 혼자 나가시려고요? 저도 따라갈게요."

"새미 언니가 가면 저, 아리도 가야죠!"

"헤헤! 행동대장인 나, 모어가 빠질 순 없지! 간식 다 먹고 같이 가요. 루카, 너는?"

"흠… 난 여기 있을래. 오늘 내가 움직일 만큼은 다 움직였거든. 공유 시스템은 켜 놓을 테니 무슨 일 있으면 긴급 호출 하도록 해!"

디지털 생명체인 루카는 공유 시스템을 통해 엠알스와 정모 박사의 감각과 정보에 연동되어 데이터들을 수집할 수 있는 능력이 있다. 지구에서는 엠알스 활동을 위해 지구인의 외형을 갖추고 있지만, 물리적으로 행동하고 움직이는 것을 상당히 귀찮아한다.

"앗! 박사님, 그런데 밖에 있으니 눈이 너무 부셔요."

"아리야, 얼른 선글라스라도 쓰려무나! 남극은 밝은색의 얼음과 눈으로 덮여 있어서 태양빛이 잘 반사된단다. 지구인들이 스키장에서 고글을 쓰는 것도 이 때문이지."

"맞아요. 여기 남극은 눈이나 얼음 때문에 알베도가 훨씬 크다고 들었어요."

"크흠, 역시 우리 새미는 '꼬마과학실 출신답군.'"

"뭐! 알을 뺀다고? 그 맛있는 걸 왜 빼?"

"하하! 모어는 참, 뭐든 먹는 것과 연결 지으려 한다니까! 알을 빼는 게 아니라 알베도◆라고 해. 알베도는 태양빛이 지표에서 반사되는 정도를 말해."

"역시 새미 언니는 과학 소녀야. 난 알탕, 알사탕은 알아도 알베도는 처음 들어봐."

"모어. 잘 들어봐. 태양빛을 모두 흡수해 버리면 알베도가 0, 모두 반사하면 알베도가 1이야. 숫자가 1에 가까워질수록…."

"아아! 그만. 눈이 부시면 숫자가 1에 가까워진다는 거잖아."

"하하! 바로 그거야. 모어는 참 이해력이 좋아."

◆ **알베도** 물체가 빛을 받았을 때 반사하는 정도를 나타내는 단위.

지구의 전체 평균 **#알베도**는 0.3 정도인데, 눈이나 얼음은 그 효과가 훨씬 더 커서 0.8에서 0.9 정도까지 된다고 합니다.

"참, 좋은 생각이 났어. 남극의 특징을 담아서 우리 콘서트 때 고글이나 선글라스를 쓰는 건 어때?"

"오호! 우리 막내 아리의 아이디어는 늘 최고야."

"쳇! 기껏 하루 일찍 태어났으면서 나를 막내 취급하다니…."

"크크. 하루 더 언니인 이 모어 님께서 특별히 이번 의상 디자인에 신경 써서 반영해 주겠어."

2장 · 빙하 콘서트를 기획하라

알베도는 지구로 들어오는 태양빛 중에 지표에서 반사되는 양을 비율로 나타낸 값이다. 숫자가 1에 가까워질수록 반사율이 높다. 표면의 조건에 따라 반사율이 달라지는데, 바다 표면은 0.06, 나무는 0.1~0.2, 건조한 모래는 0.4, 깨끗한 눈은 0.9 정도의 값을 가진다. 남극은 눈과 얼음이 태양빛의 거의 80~90%를 튕겨 낼 정도로 반사율이 높다.

만약 남극에서 얼음이 녹아 알베도가 낮아지면 지구로 들어오는 태양 에너지의 양이 많아져 지구 기온 상승을 일으킬 수 있다.

엠알스가 몸으로 겪은 남극의 높은 알베도와 그를 유지시켜 주는 남극의 눈과 빙하는 사실 지구에게 매우 중요한 것이었다는 사실!

엠알스와 정모 박사는 화성에 필요한 얼음 자원을 캐내 가려는 목적에서 남극 빙하 콘서트를 결정하였지만, 지구의 남극 빙하가 사라지게 되면 단순히 빙하가 없어지는 문제를 넘어 지구가 온난화에 시달리는 더 큰 문제를 일으키게 될 것이다. 엠알스와 정모 박사가 이러한 사실까지 아는지 모르는지와 상관없이, 현재 추진되고 있는 남극에서의 지구 멸망 프로젝트는 정말이지 지구에 상당히 위험할 수 있다.

정모 박사와 엠알스 앞에 나타난 눈보라 현상은 바로 블리자드이다. 블리자드는 강한 추위와 센 바람, 매서운 눈보라를 동반한다. 심할 경우에는 가까운 곳도 보이지 않고 걷기조차 어려울 정도이다. 보통 남극의 겨울에 심하게 나타나지만, 지금은 남극의 여름인데도 갑자기 블리자드가 불어닥친 것이다.

"긴급! 긴급! 루카 내 말 들리나?
"박사님! 무슨 일이세요?"
"탐사 중에 블리자드◆를 만났지 뭐니. 지금 아무것도 보이지 않는데, 새미, 모어, 아리에게 긴급 연락 온 게 있니?"
"흠… 아직이요. 제가 각자 위치를 추적해 볼게요. 너무 걱정은 마세요. 저희 엠알스잖아요!"

큰 모니터로 멤버들의 위치 시스템을 작동시켜 살펴보는 루카! 그런데 큰일이다. 멤버들의 위치가 잡히지 않는다.
블리자드로 뿔뿔히 흩어진 정모 박사와 엠알스 멤버들! 아무도 없는 남극에서 과연 이들은 다시 만날 수 있을까?

◆ **블리자드** 강한 눈보라와 함께 나타나는 강풍.

남극 본부 건설, 그리고 긴급 사태 발생

- ☑ 지구 멸망 프로젝트 수행을 위해 남극 서쪽 해안가에 도착함. 예상보다 따뜻한 날씨와 파릇파릇한 이끼가 보여 당황하였으나, 분석 결과 기온이 상대적으로 높은 지역에 도착한 것으로 파악됨.

- ☑ 본부 건설이 가능한 지점을 찾아 도착한 곳에 새미의 제안으로 이글루 형태의 얼음 본부를 지음. 이글루는 얼음벽의 보온 효과 덕분에 생존과 작전 유지에 매우 유리함.

- ☑ 엠알스는 주변 빙하를 이용해 간식 개발 및 SNS 홍보 아이디어를 구상 중임. 남극의 알베도 수치에 대한 정보 습득 완료.

- ☑ 정모 박사와 멤버들이 주변 탐사 도중 블리자드에 휘말려 뿔뿔이 흩어지는 긴급 상황 발생. 루카의 공유 시스템도 일시 오류를 보이며, 현재 위치 추적이 불안정한 상태임.

향후 과제
- ☑ 모든 멤버의 생존 확인 및 본부 복귀
- ☑ 블리자드 원인 분석 및 기상 예측 체계 강화
- ☑ 빙하 콘서트 준비 일정 조정

주의 사항
남극은 지구의 가장 혹독한 지역 중 하나로, 기후 변화가 작전의 가장 큰 변수임. 우선 멤버들 구조가 최우선임.

3

남극이 간직한 비밀

남극에서 만난 펭귄, 아델리

"어? 여긴 어디지? 박사님! 새미 언니, 모어!"

블리자드로 일행과 떨어져 홀로 남극의 어딘가에 남겨지게 된 아리. 긍정적이고 씩씩한 엠알스의 막내로, 위기 상황에서도 특유의 웃음과 귀여움으로 멤버들을 위로하고 응원하는 분위기 메이커이다. 그런데 처음 와 보는 지구의 남극에서, 그것도 홀로 남겨지자 두렵고 걱정만 앞설 뿐이다.

어찌할 바를 몰라 계속 주변을 두리번거리고 있는데, 멀리서 누군가가 아리 쪽으로 걸어오고 있는 게 아닌가! 혹시 정모 박사, 아니면 엠알스 멤버들!

"아. 여기야, 여기! 나 아리야!"

조금씩 아리와 가까워지던 형체가 모습을 드러냈는데, 화성인도, 지구인도 아니었다. 바로 남극에 사는 '펭귄', 그것도 아델리 펭귄이었다.

"내가 여기서 만나는 사람들은 대부분 과학자인데… 너도 과학자?"

"흠, 난 지구인들 사이에서 아주 유명한 아이돌 그룹 엠알스의 멤버야! 그룹에서 춤을 담당하고 있지."

"엠알스? 이곳에서 지내는 과학자들에게서 그런 이름은 들어보지도 못했는걸! 진짜 유명한 거 맞아?"

"쳇! 이번에 우리가 남극 콘서트를 열 건데, 그러면 우리의 명성이 남극 전역에 다 퍼질 거야! 날 이렇게 먼저 만났다는 걸 영광으로 알라고!"

"흠… 뭐, 그렇다 치고. 그런데 여기서 뭐 하는 거야? 콘서트인지 뭔지를 여기서 하려던 거야?"

"사실 길을 잃었지 뭐야. 콘서트를 준비하려고 남극에 왔는데, 갑자기 블리자드가 불어 한 치 앞도 보이질 않더라고. 같이 있던 일행과도 헤어지게 되었고… 흑흑."

"흠, 그랬군. 펭귄 말도 할 줄 아는 기특한 녀석이니 길 찾는 걸 도와주지. 내가 남극에서는 안 가 본 데가 없거든. 이 험한 남극에서 친절하고 아량이 넓은 날 만난 걸 영광으로 알라고! 크크"

"으응. 그래… 고마워…."

사실 아리는 지구 멸망 프로젝트를 위해 특별히 지구에 사는 대표적인 동물들의 언어를 습득하였다. 그리고 화성의 다양한 생물 종 실현을 위해 지구 동물 가운데 몇몇을 화성으로 데려오라는 명령을 받은 상태이다.

　척박한 환경에 사는 화성인에게, 수많은 생물종들과 함께 어우러져 살아가는 지구인은 늘 부러움의 대상이었다. 화성으로 데려올 지구 동물을 찾던 중 지구보다 평균 기온이 훨씬 낮은 화성에 적응할 만한 동물로 꼽힌 후보 가운데 바로 펭귄이 있었다. 아리는 펭귄의 모습이 너무 귀엽고 예뻐 펭귄의 언어를 가장 먼저 익혔다. 덕분에 남극에서 길을 잃을 위기를 또 이렇게 극복할 수 있게 된 것이다.

역시 아리는 럭키아리!

"자, 그럼 네가 가야 할 곳이 어느 기지인지 말해 봐."
"기지라고? 아, 우리 본부를 말하는 거구나! 음… 사방이 다 눈과 얼음뿐이어서 어느 방향인지 도통 모르겠는걸! 본부로 쓸 이글루를 새로 짓긴 했는데…."
"이글루라고? 북극에 사는 원주민들이 짓고 산다는 그거? 오호! 나도 한 번 보고 싶었는데…."

눈과 얼음밖에 없는데

"날 무사히 데려다주기만 한다면, 이글루 구경뿐 아니라 맛있는 간식까지 최고의 대접으로 보답할게."

"후훗. 그래? 그런데 남극에 있는 웬만한 기지들의 위치는 거의 다 아는데, 새로 지은 이글루는 본 적이 없어. 뭐 다른 정보는 없어?"

"음… 우리가 이글루를 지을 때, 적어도 1,000킬로미터 안에는 다른 기지가 없다고 했어. 그리고 남극에서도 가장 추운 지역이라고 하던데…."

본부를 찾을 수 있을까?

"가장 추운 지역이라고 하면…. 흐음! 어디쯤인지 알 것 같아. 출발해 볼까?"

"아델리, 너는 어쩜 이렇게 남극의 지리를 다 아니? 온통 하얀 얼음뿐인데 말이야."

"그야, 내가 사냥길을 찾느라 하도 쏘다닌 덕분이지. 우린 크릴새우를 먹고 살거든. 그런데 최근 지구가 따뜻해지면서 빙붕이 여기저기 녹아내리고, 그 자리에 빙하 녹은 물이 유입되고 있어. 그런 곳은 크릴새우가 살기에 좋은 곳이거든. 그래서 우린 더 경쟁적으로 크릴새우가 있는 곳을 더 빠르게 찾아내야 해. 좋은 먹이를 더 많이 구하려면 부지런히 움직여야 하지."

◆ **빙붕** 남극 대륙에서 빙하를 타고 흘러 내려와 바다 위에 퍼져 평평하게 얼어붙은 평지.

"근데…. 빙붕이 뭐야?"

"휴~ 남극에 처음 온 티를 팍팍 내는군. 빙붕은 남극 대륙과 이어진 채로 바다 위에 떠 있는 거대한 얼음 덩어리야. 남극 대륙에서 계속 빙하가 공급되기 때문에 빙붕이 유지될 수 있지. 또 빙붕 덕분에 남극으로 따뜻한 바닷물이 들어오지 못해서 남극이 계속 추울 수 있는 거야. 그러니까 빙붕과 남극은 서로 돕고 돕는 관계라고나 할까?"

"얼음이라고 다 같은 얼음이 아니구나. 남극 대륙 위를 덮은 얼음 덩어리는 빙상이라고 한다면서? 나도 그 정도는 안다고. 히히!"

"흐흐. 그 정도로 뽐내기는…."

◆ **빙산** 빙하에서 떨어져 나와 물 위에 떠서 흘러 다니는 얼음 덩어리.

"그럼 빙산도 알아?"

"빙산? 그건 또 뭐야?"

"빙산은 물 위에 떠 있는 거대한 얼음 조각이야. 물속에 들어가서 잠겨 있는 부분을 보면, 물 위에 드러난 얼음 덩어리의 7배 정도나 더 크다고. 이런 걸 두고 사람들은 '빙산의 일각'이라는 표현도 하던데?"

"얼음 덩어리가 어디에 놓여 있느냐에 따라서 빙상, 빙붕, 빙산으로 이름이 다 다르구나."

"그렇지. 다 펭귄이라고 불려도 정확히는 어디에서 어떻게 살아왔느냐에 따라 아델리 펭귄, 황제 펭귄, 젠투 펭귄 등 다 다르게 구분되듯이 말이야."

내가 빙산이야!
보이는 게
전부는 아니란다.

아델리의 하소연

 아리는 아델리와 함께 본부를 찾아 걷고 또 걸었다. 아델리는 남극이 예전보다 많이 따뜻해졌는데 매일매일 더 따뜻해지는 것 같아 겁이 난다고 하였다. 그러면서 이미 몇몇 펭귄 집단은 더 추운 곳을 찾아 떠났다며 슬퍼하였다.

 아델리의 이야기를 들으며, 아리는 지구 멸망 프로젝트를 꼭 성공시키고 아델리를 화성으로 데려가 함께 지내고 싶은 마음이 커졌다.

3장 · 남극이 간직한 비밀

"뭐야 그 표정은? 왜 네가 실망한 눈치야?"

"아… 아, 내가 뭘 했다고 그래!"

"근데 말이야, 요즘 들어서는 점점 따뜻해지는 남극을 떠나고 싶다는 생각이 들 때도 있어."

"어? 그래? 아무리 먼 곳이라도 좋아?"

"뭐 내가 살기에 좋은 곳이라면! 참, 너는 남극까지 콘서트를 하러 온 걸 보니 여러 곳을 다녀봤겠구나! 남극처럼 추우면서 또 먹을 것도 많고 안전한 그런 곳 어디 없니?"

"지구에서는 여기가 가장 추운 곳이라고 들었어. 물론 남극보다 더 추운 화성이라는 곳이 아주아주 멀리 있지만 말이야…."

"뭐, 뭐라고? 화성이라고? 소리가 작아서 잘 못 들었어!"

"아… 아무것도 아니야!"

"흐음… 지구에서 남극만큼 추운 곳은 없을 거야."

"뭐… 그렇긴 하지."

"무엇보다 이 두터운 지방층과 수많은 모세혈관으로 이루어진 발바닥, 방수 기능을 가지도록 촘촘한 깃털과 깃털 아래에서 분비되는 기름. 이런 멋진 내 모습은 바로 이 남극에 가장 잘 어울리는 거겠지!"

나 어때! 좀 멋있지?

얼굴
검은 얼굴에 눈 주위로 하얀 고리 모양의 테두리가 있음.

깃털
길이는 짧지만 두 겹으로 굵게 나 있고, 부리의 맨 끝을 제외한 몸 전체가 깃털로 덮여 있어 체온을 유지하는 데 도움이 됨.

발
얼음을 지치며 걷기 좋도록 울퉁불퉁하며 물갈퀴가 있어 수영에도 유리함.

두터운 지방층
혹독한 추위를 견디기에 유리함.

발바닥
수많은 모세혈관 다발이 적당하게 온도를 유지해 줌.

3장 · 남극이 간직한 비밀

"후후. 아델리 넌 정말 멋져! 남극에도 참 잘 어울리고 말이야. 그런데 왜 남극을 떠나고 싶은 생각이 들었던 거야? 가족과 무리들 모두 오랫동안 여기에 터를 잡고 잘 적응하면서 살아왔는데 말이야."

"그게 말이지. 요즘 남극이 좀 이상해지고 있어. 아까 이야기했듯이 날도 따뜻해지고, 여기저기서 얼음도 계속 녹아내리고, 먹이를 구하기도 점점 힘들어지고…."

"그러고 보니 우리가 남극에 처음 도착했을 때에도 파릇파릇 이끼가 나 있고 생각보다 따뜻해서 당황했어. 그게 원래 남극의 여름 모습이 아닌 거야?"

"물론 남극도 여름에는 좀 더 기온이 오르긴 해. 하지만 요즘처럼 따뜻했던 적은 없었어. 빙하가 녹아서 질퍽이는 진흙이 드러나는 통에 이 멋진 몸이 흙투성이가 된 적이 한두 번이 아니라니까!"

"그래도 빙붕이 녹은 곳에 크릴이 많이 모여든다면서? 그럼 먹이 찾는 게 더 쉬워지는 거 아니야?"

"흐음… 나 정도의 실력자가 되어야 먹이도 찾아낼 수 있는 거라고. 다른 많은 펭귄들은 평소에 먹이를 구하던 곳에서 먹이를 구할 수 없으니 굶기도 해!"

아리는 마음이 복잡해졌다. 방금 전까지는 아예 지구가 빨리 멸망하여 생명 구호 차원에서 아델리를 화성으로 데려가고 싶었다. 그런데 아델리가 자신을 뽐내며 남극에 사는 것을 자랑스러워하는 모습을 보니 조금 더 오래 이곳에서 잘 지내면 좋겠다는 생각이 들었다. 내가 화성을 사랑하는 것처럼 아델리는 지구를 사랑하겠지 하는 생각에 이르니 마음이 불편하였다.

한편으로는 남극의 얼음들이 녹고 있어 빙하를 화성으로 가져가야 하는 지구 멸망 프로젝트에 혹시라도 차질이 생기는 건 아닐까 걱정도 되었다.

"그나저나 내 생각이 맞다면 이글루가 이 근처에 있을 것 같은데? 남극에서 가장 추운 지역이면서 주변 1,000킬로미터 이내에는 기지가 없을 정도로 고립된 곳!"

"잠깐만, 그러면 내가 다시 시도해 볼게."

"뭘 시도하겠다는 거야? 이글루 찾을 방법이 있었던 거야?"

"으응. 사실 우리 멤버 루카와 연결할 수 있는 공유 시스템이 있거든. 블리자드 때문인지 추워서인지 작동이 잘 안 되었는데 근처에 온 것 같다니까 다시 한 번 연결해 보려고."

"빨리 해봐. 내 쪽으로는 거의 다 온 것 같거든."

"루카! 내 말 들려? 나 아리야! 아리."

"아리, 왜 이제서야 연락을…."

"또 연결이 끊어질지 모르니까 내 위치부터 확인해 줘."

"**#아리위치** 확인을 해보니 네가 오던 방향으로 500미터 만 더 오면 돼."

"오, 만세! 우리 드디어 만나는 거네. 흑흑! 얼른 달려갈게."

블리자드 이후 구조 작전 및 남극 생물 접촉

- ☑ 블리자드로 실종되었던 아리가 아델리 펭귄의 안내로 본부 복귀에 성공함. 화성의 공유 시스템보다 자연 감각이 더 정확하게 작동한 사례로 기록됨.
- ☑ 아리는 지구 동물 언어 습득 훈련 결과, 펭귄과의 자연스러운 의사소통 가능함. 지구 멸망 프로젝트 성공 후 화성 동물 생태계 안정 프로젝트에 참고할 수 있음.
- ☑ 아리는 아델리 펭귄과 대화를 하며 남극 생태계의 변화를 직접 확인함. 빙붕의 붕괴, 크릴의 이동, 젠투 펭귄과의 서식지 충돌, 이상고온 현상 등.
- ☑ 지구 생물과 생태계에 대한 정서적 공감이 일부 멤버에게 발생하는 정황이 포착됨.

향후 과제
- ☑ 아델리 펭귄의 서식 정보 및 남극 기후 데이터 정리
- ☑ 펭귄의 화성 정착 가능성 검토
- ☑ 모어와 새미의 위치 추적 지속, 멤버 전원 복귀 확인 후 작전 재정비

주의 사항
- ☑ 지구인의 감정만큼이나 화성인의 감정도 작전에 영향을 줄 수 있음. 작전은 냉정하게, 기록은 따뜻하게. 아리의 복귀 환영!

다시 뭉친 우리, 지구의 진실을 만나다

남극 대원이 알려준 사실

아리가 블리자드로 홀로 남게 된 그 순간, 모어와 새미도 하늘로 날아오르며 강풍에 휩쓸렸다. 모어는 양손을 뻗어 멤버들을 붙잡았으나 강한 바람에 그만 아리를 놓쳐버리고 말았다. 온 힘을 다하여 나머지 한 손으로 멤버를 붙잡고 있었는데, 그게 새미였다. 그리고 다행히 손의 힘이 다 빠지기 전에 블리자드가 잠잠해졌다.

"휴! 다행이야!"
"고마워, 모어! 너 아니었으면… 흑흑…."

그런데 여긴 어디지?

휴~ 어딘지는 모르지만, 남극은 남극이겠지?

역시 모어는 용감한 행동대장답다. 엠알스 멤버 가운데 가장 용감하고 지치지 않아 인공지능 로봇인 루카와 헷갈릴 정도다. 모어는 멤버들 간식 담당에 엠알스 의상 디자인, 그리고 정모 박사와 새미를 도와 콘서트 기획 회의를 주도하는 등 로봇인 루카보다 더 엠알스의 에너자이저 역할을 하고 있다.

모어와 새미는 비록 자신들이 있는 곳을 몰라도 서로 든든함을 느꼈다. 용감한 모어와 똑똑한 새미가 만났으니 당연하다. 모어와 새미가 이 위기를 어떻게 극복하고 본부로 돌아갈 수 있을지… 걱정보다는 기대가 더 크다.

"모어, 일단 루카한테 연락해야겠어."

뚜뚜뚜뚜뚜… 뚜뚜… 뚜뚜뚜…

뚜뚜뚜뚜뚜… 뚜뚜… 뚜뚜뚜…

뚜뚜뚜뚜뚜… 뚜뚜… 뚜뚜뚜…

"뭐야! 혹시 맛있는 거 먹느라 대답도 없는 거 아냐?"

아리의 공유 시스템에 문제가 있던 것과는 달리, 다행히 새미와 모어의 공유 시스템은 작동하고 있었다. 그런데 한참 시간이 지나도 아무런 대답이 들리지 않았다.

얼마 지나지 않아 스노우모빌을 탄 남자 한 명이 새미와 모어를 향해 힘차게 달려왔다.

"아, 두 분이 계셨군요. 괜찮으세요?"
"저희는 괜찮아요. 블리자드 때문에 멤버들과 흩어져 길을 잃고 말았어요."
"아! 네. 두 분 모두 다친 곳 없이 안전해서 다행입니다."
"이렇게 와주셔서 정말 정말 감사해요. 참, 저는 새미라고 해요. 그런데 남극에 사세요?
"지금은 그렇긴 하죠. 저는 대한민국의 극지 과학자, 윤시후라고 합니다. 세종기지에서 근무하고 있죠. 마침 이곳에 탐사를 왔다가 긴급 신호를 받은 거예요. 그런데 두 분은 남극대원은 아닌 것 같은데…."
"아… 저희는 남극에 일이 있어서… 제 이름은…."

"참, 아까 제가 보낸 긴급 신호는 사실 저희 본부에 보냈던 거예요. 그런데 어떻게 된 일인지 시후 님께 연결이 된 거고요."

"와! 그렇다면 이건 모어 님, 아니 엠알스와 저의 운명?"

"하하! 어쨌든 시후 님과 연결되어 참 다행이에요. 혹시 저희를 본부까지 데려다주실 수 있을까요?"

"아, 물론이죠! 그런데 남극에 새로운 기지가 지어졌다는 소식은 못 들었는데… 어느 기지인지?"

"저희가 새로 지었어요! 엠알스의 이글루 본부죠."

"우와! 본부도 짓다니 정말 대단해요. 역시 못 하는 거 하나 없는 엠알스예요!"

알고 보니 통신 오류로 모어가 루카에게 보낸 긴급 신호가 주변에서 탐사 중이던 남극 대원에게 연결되었고, 그 대원이 마침 엠알스의 팬클럽 '밍즈'의 회원이었던 것이다.

그동안 엠알스가 지구 최고의 아이돌이 되기 위해 애써왔던 노력이 이런 위기 상황에서 도움이 될 줄이야! 팬을 만나 신이 난 모어는 시후 님에게 자신들이 직접 이글루를 지은 이야기를 영웅담처럼 들려주었다.

"엠알스의 이글루 본부라… 이 사실이 알려지면 남극에도 이글루 기지가 많이 지어지겠는걸요! 허허. 세종기지에도 하나 짓자고 해야겠어요."

"네. 그렇게 되길 바라고 있어요. 호호. 그리고 이번 콘서트 콘셉트가 바로 남극의 빙하예요. 얼음 조각들로 무대를 만들고, 얼음 놀이터와 간식들도 준비할 거예요."

"우와! 역시 엠알스예요. 남극에서 빙하 콘서트라니… 저한테는 정말 영광스러운 소식이네요. 제 일이 자랑스럽게 느껴지기도 하고요."

"사실 아무것도 없고, 또 아무도 없는 남극에서 콘서트를 하는 게 좋을까 걱정도 되었는데, 이렇게 남극에도 밍즈가 있다니 자신감이 생겨요."

"오! 새미 님, 엠알스의 매력은 지구 모든 곳에 펼쳐져 있답니다. 그런데… 저… 저기… 그게… 그러니까…."

"왜 그러세요? 저희 계획이 별로인가요?"

"아뇨, 아뇨! 그럴리가요."

"그럼 왜 표정이 안 좋으신지?"

"저는 엠알스가 당연히 멋지고 성대한 빙하 콘서트로 컴백하길 누구보다 바랍니다. 빙하 콘셉트의 콘서트를 남극에서 하기로 한 것도 정말 훌륭한 선택이고요. 하지만… 현재의 남극을 보면 빙하 콘서트를 크게 한다는 게… 어렵겠다는 생각도 들어서요….”

"남극이 너무 추워서인가요? 저희가 다녀본 바로는 이 정도 추위에 콘서트를 하는 건 문제없어요!"

"그게 아니라, 어… 뭐… 그냥….”

"아! 답답해라! 시후 님, 속 시원히 다 말해 주세요. 저희는 마음도 참 넓은 엠알스~~ 아시잖아요!"

"아, 엠알스의 계획에는 아무런 문제가 없어요. 문제는 엠알스가 아니라 남극에 있어요.”

"남극에 문제가 있다고요?"

"네. 남극이 이렇게 따뜻해지고 있다는 게 문제예요. 남극에서 빙하가 줄어들면, 엠알스의 빙하 콘서트가 빈약해질까 봐… 그게 걱정이에요. 생각보다 빙하 녹는 속도가 정말 빨라지고 있거든요."

남극 대원 윤시후가 조심스럽게 꺼낸 말은 남극이 최근에 겪고 있는 이상 현상들, 그리고 온난화로 남극의 빙하가 줄어들고 있다는 이야기였다. 또 엠알스가 만난 블리자드도 원래 남극의 겨울에 주로 발생하는데, 지금은 남극의 여름인데도 블리자드가 자주 나타난다고 하였다.

그러면서 엠알스가 머물고 있는 이곳은 남극에서도 추운 곳이어서 주변이 모두 얼음과 눈으로 덮여 있지만, 세종기지 주변만 하더라도 기온 상승으로 바닷가의 빙붕이 무너져 내리기 일쑤라고 하였다. 연구 자료에 따르면 매년 1,200억 톤의 남극 빙하가 사라지고 있으며, 70% 이상은 서남극 지역에서 일어나고 있다고 한다.

지구 기온 상승으로 남극의 빙하가 녹아 없어지게 되면, 남극의 얼음에서 반사되던 태양 에너지가 오히려 흡수되면서 온난화가 더 빨라지게 된다. 그래서 남극에서는 온난화의 효과가 지구 평균보다 약 4배 더 심하다.

"아, 박사님, 아… 아니 대표님! 시후 님은 밍즈 회원이세요. 남극에서 팬을 만나니 반갑기도 하고, 저희를 도와주시기도 해서… 그리고 뭐, 그게 큰 문제는 아니잖아요."

"아이, 제가 어디 가서 떠벌리는 성격은 아니니 걱정 마세요. 그리고 박사가 비밀일 것까지는 없는데… 하하! 저도 엠알스의 비밀을 공유하고 있다니 두근두근하고 기쁘네요."

"크흠… 믿음직스럽군요. 비밀만 잘 지켜주신다면 콘서트 가장 앞자리로 초청해 드리죠."

"와! 박사님, 아니 대표님! 정말 감사해요. 엠알스 콘서트 티켓팅 때마다 얼마나 고생했는데… 흑흑! 남극 콘서트 준비하면서 어려운 점 있으면 언제든 제게 도움을 요청해 주세요. 기꺼이, 정말로… 꼬옥 … 반드시, 모든 걸 다 해드릴게요!"

윤시후 대원은 본부에서 잠시 따뜻한 차를 마시고 난 뒤, 기지로 돌아가며 조심스럽게 말을 꺼냈다.

"저기… 저희 기지에서 진행하는 프로젝트가 하나 있는데, 엠알스와 함께한다면 정말 의미 있을 것 같아요. 내일쯤 연락 드려도 괜찮을까요?"

모어와 새미는 깜짝 놀라 정모 박사를 바라보았다. 지구 멸망 프로젝트 강령 제2조 '개별적으로는 지구인을 절대 만나서는 안 된다'는 조항이 떠올랐기 때문이다.

정모 박사는 잠시 깊은 한숨을 내쉬며 고개를 끄덕였다.

"흠… 원래는 안 되지만, 이번만큼은 예외로 두기로 하지. 어쨌거나 너희를 도운 은인이니까. 이건… 본부에 보고하지 않아도 되겠지…?"

남극 운석 탐사에 따라간 새미

세종기지에서 진행하는 프로젝트는 바로 운석 탐사! 평소 과학에 관심이 많다고 한 새미의 인터뷰 내용을 기억하고는 운석 탐사에 엠알스도 함께할 수 있는지 물어본 것이다. 마침 탐사 지점도 이글루 본부에서 그리 멀지 않은 곳으로 정해졌다.

모어는 혹시라도 또 흥분해서 엠알스의 비밀을 말해 버릴까봐 정모 박사가 열흘 간 외출 금지 명령을 내린 상태였다. 결국 탐사에는 새미만 가기로 하였다.

"크흠, 내가 따라가고 싶지만, 컴백을 앞두고 준비할 일들이 너무 많구나."

"히히. 걱정 마세요. 혼자 가는 것도 아니고 남극 탐사대, 그리고 시후 님도 함께 가시잖아요."

"그래그래. 잘 다녀오려무나. 아, 나 때는 말이야… 화성에 있을 때 연구차 양 극관에 갔을 때 말이지…."

"엇! 시후 님이 오셨대요. 다녀오겠습니다. 흐흐"

"쩝. 극관 탐사 이야기를 들려줘야 하는데…. 화성으로 돌아가면 새미 데리고 극관에 가 봐야겠군."

대원과 남극 탐사대가 수행하고 있는 연구 주제는 바로 '운석'이다. 운석은 우주를 떠돌던 암석 물질이 지구로 떨어진 잔해를 말한다.

운석은 지구의 대기를 통과하면서 마찰과 단열 압축에 의해 타버리기도 하는데, 이때 빛나는 모습을 별똥별(유성)이라고도 한다.

운석은 태양계가 형성되던 시기에 지구와 함께 만들어진 것이어서 태양계 탄생의 시기와 비밀들을 간직하고 있다.

대부분의 운석은 소행성들의 조각이지만, 달이나 화성 표면에서 떨어져 나온 것도 있어서 우주를 연구할 수 있는 소중한 자료가 된다. 또 남극에서 발견되는 운석은 전체 운석 수의 약 80%를 차지할 정도여서 정기적으로 운석 탐사대가 남극에 파견되어 연구를 수행하고 있다.

"시후 님, 운석이 남극에 많이 있나 봐요?"
"남극에 유난히 더 많이 떨어졌다기보다는, 다른 지역보다

발견이 더 잘 되는 편이죠. 여긴 온통 하얗잖아요. 이런 곳에 거무튀튀한 돌이 있다면 눈에 매우 잘 띄겠죠?"

"아, 그렇겠네요."

"사실 운석은 얼핏 보면 지구의 암석과 매우 닮아서 구분이 어려워요. 하지만 남극에는 지구의 암석이 거의 없기 때문에 돌 같은 게 발견된다면 운석일 가능성이 매우 높아요."

"저도 운석을 찾는 데에 보탬이 되고 싶어요!"

"하하! 새미 님이 함께해 주신 것만으로도 힘이 납니다. 무엇보다 아이돌 중에 과학을 좋아하는 분이 계셔서 과학자로서 참 감사하고요. 새미 님을 보면서 많은 어린이들이 과학에 더 관심을 가지면 좋겠어요."

"아이참, 쑥스럽네요."

"하하! 너무 부담을 가질 필요는 없어요. 지난번에도 탐사 마지막 날까지 운석을 하나도 찾지 못했거든요. 어렵게 찾아내는 만큼 더 소중한 거죠!"

새미와 남극 운석 탐사 대원들은 모두 하얀 남극의 빙하를 찬찬히 훑으며 운석을 발견하기 위해 하루 종일 돌아다녔다. 하지만 운석을 발견하지는 못하였다.

지금까지 주로 책이나 강연 등을 통해 과학자들의 잘 정리된 연구 성과들을 접해왔던 새미는 과학자들이 어떠한 결과물을 얻어내기까지 이렇게나 험난한 과정을 거치고 있었다는 사실에 뭉클한 마음이 들었다.

그리고 지구 최고의 아이돌이 되기 위해 화성을 떠나 오랜 시간 준비하고 연습하고, 또 노력해 왔던 엠알스의 과거들도 함께 오버랩되며 울컥하였다.

운석을 꼭 찾고 싶었지만, 새미도 이제 본부에 돌아가야 할 시간이 되었다. 프로젝트 강령에 따라 지구인과의 접촉을 극도로 삼가야 하는데, 새미와 모어를 구해 준 대원이라 정모 박사가 특별히 긴 시간을 허락해 준 것이다.

드디어 멤버 모두가 다시 한자리에 모였다. 정모 박사는 이 춥고 험한 남극 한가운데에서 루카, 아리, 모어, 새미와 함께 따뜻한 이글루 안에 앉아 있다는 사실만으로도 다시 한 번 다행이고, 감사하다는 생각이 들었다.

통신 불안정 때문에 화성 본부와의 연락이 잠시 멈춰 있는 지금, 이곳은 작은 행성처럼 느껴졌다. 이글루 벽 너머로 매서운 추위와 눈보라가 몰아쳐도, 이글루 안은 따뜻했다. 작지만 견고한 얼음 집 안에서, 팀의 숨결이 다시 하나로 이어지고 있었다.

그리고 화성에서부터 이곳 지구로 건너와 이 거대한 지구 멸망 프로젝트를 함께 이끌며 애써온 날들이 정모 박사의 머릿속에 주마등처럼 스쳐 지나갔다.

'그래, 이제는 본격적으로 실행할 때다.'

가능한 오래 걸리지 않고 이 프로젝트를 마무리짓고, 다시 고향 화성으로 돌아가 각자 행복한 시간들을 이어갈 수 있기를 소망하며, 정모 박사는 조용히 눈을 감고 이 순간에 집중해 보았다.

멤버 재집결 및 남극 이상 기후 정보 확보

- ☑ 블리자드로 실종되었던 엠알스 멤버 모어와 새미가 남극 대원을 만나 무사히 돌아옴.
- ☑ 구조를 도운 남극 대원 윤시후는 엠알스 팬클럽 '밍즈' 회원으로, 작전 노출 위험은 낮음.
- ☑ 윤시후를 통해 이상 기후 및 남극 온난화의 실태에 대한 주요 정보를 확보함.
- ☑ 최근 남극에서는 여름철에도 블리자드가 자주 발생함.
- ☑ 빙하와 빙붕의 붕괴 속도가 빨라짐. 연간 약 1,200억 톤 감소, 남극 기온 상승률은 지구 평균의 4배에 달함. 콘서트 실행 가능성과 자원 확보 계획에 중대한 고려사항임.
- ☑ 새미는 세종기지 과학자들과 함께 운석 탐사 활동에 참여함. 지구 과학자들이 우주에 대한 탐사를 이어가고 있으나 우주 침공 의도는 확인되지 않음.

향후 과제
- ☑ 콘서트 일정 검토
- ☑ 남극 내 기상 변화에 따른 빙하 채굴량 예측 수정

주의 사항
- ☑ 남극은 단순히 얼음뿐인 땅이 아니며, 지구의 상태를 가장 예민하게 보여 주는 거울임을 잊지 말 것.

5

악플은 싫어! 위기의 엠알스

화성이 그리워!

새미는 열심히 컴백 준비를 하고 있는 것처럼 보였지만, 운석 탐사를 다녀온 후로 마음을 잡지 못하고 있다. 운석이 우주에서 왔다더니 신기한 기운이라도 있는 걸까. 운석을 볼 때마다 화성 생각이 또렷해진다. 랩 가사도 온통 화성에 관한 것만 써서 정모 박사에게 계속 수정 요청을 받고 있을 정도다.

그동안 엠알스 활동이 워낙 바빴고, 아이돌 생활에 집중하느라 화성을 떠올릴 틈이 없었다. 그런데 지구 멸망 프로젝트가 본격화되면서 화성 이야기를 자꾸 나누다 보니 화성에서의 삶이 더 자주 떠오른 것이다.

"크흠… 새미, 콘서트 준비는 잘 되어 가니?"

"뭐, 그냥 그냥요!"

"크흠… 내가 윤 대원에게 받은 자료를 살펴보니 남극의 온난화가 심상치 않은 것 같구나."

"무슨 문제라도 있나요?"

"빙하 녹는 속도가 내가 계산한 것보다 더 빠르구나!"

"앗! 그럼 저희 빙하 콘서트는 어떻게 되는 거예요? 우리가 생각했던 멋진 공연장과 이벤트는요?… 아이스버킷 챌린지는요?"

"진정해라! 아리. 그렇다고 빙하가 눈앞에서 슉~ 사라지는 건 아니란다."

"그럼 문제 없는 거 아니에요? 우린 멋지게 남극에서 빙하 콘서트로 컴백하고, 지구인들이 우리를 따라 하면서 여기저기서 빙하들을 캐내고 파괴하고, 그러면 우린 그것들을 잘 모아 화성으로 보낸다, 그게 우리 계획이잖아요."

"아리, 네 말대로 콘서트는 할 수 있지. 하지만 화성으로 보낼 빙하의 총량이 줄어들게 될 거야."

"그럼 프로젝트를 더 서둘러야겠네요. 빙하가 다 녹아버리기 전에 얼른 화성으로 많이 많이 보내야죠."

"크흠. 그런데 아직 타이틀 곡도 안 나왔고, 무대 준비도 더 해야 하고 시간이 부족해서 걱정이구나! 화성으로 보낼 빙하를 더 확보하기 위해서 콘서트가 마무리될 때까지 남극의 빙하가 회복되도록 애써야 하는 건 아닐지 고민이란다."

"와! 역시 박사님은 더 먼 곳을 보시네요. 우리가 어떻게 해야 할까요?"

"새미 언니, 그건 쉬워. 지구인들이 하는 것과 반대로 행동하면 되지 않겠어? 우선 모어, 얼음 빙수 좀 그만 만들어. 그리고 루카, 너도 벌써 얼음 무대만 열 번을 만들고 부쉈잖아. 콘서트 전날에 한 번에 하자고!"

"와! 아리, 너무 똑똑한데! 그럼 박사님, 우리 시간도 여유 있으니 다 함께 남극을 즐겨 보는 건 어때요?"

"모어, 네 생각도 그렇다면, 이참에 남극을 즐겨 볼까!"

"와! 박사님, 모처럼 신나는 소식이에요. 저는 아델리를 초대할 거예요. 아델리 친구들도 다 데리고 오라고 하고요."

"저는 시후 님과 세종기지 과학자들을 초대할게요!"

사실 이번 제안은 남극의 기후 위기로 빙하가 줄어드는 것 때문이기도 하지만, 그동안 바쁜 스케줄로 개인 시간을 갖지 못한 엠알스의 사기를 올려주기 위해 정모 박사가 계획한 것이다. 게다가 남극에 와서도 눈과 얼음만 가득한 세상에서 연습만 하다 보니 모두 지쳐 보였다. 또 얼마 전부터는 새미와 모어가 부쩍 화성 이야기를 자주 하는 걸 듣고, 멤버들이 향수병에 걸려 힘들어 할까 걱정하던 차였다.

온통 눈과 얼음밖에 없는 차가운 곳, 그래서 지구에서 빙하쯤은 다 녹아 없어져도 상관없다고 생각했는데, 펭귄과 세종기지 대원들과 함께하면서 그들에게 이곳 남극이 얼마나 소중하며 아름다운 곳인지 생각하게 되었다. 무엇보다 엠알스에게도 남극은 하얀 눈처럼 눈부시게 아름다운, 소중한 친구들이 있는 곳이 될 것 같은 예감이 들었다.

다시 시작

신기하게도 어제와 오늘, 단 하루가 지났을 뿐인데, 이글루 본부는 아침부터 활기가 넘쳤다.

화성인의 정체를 숨기고 지구에서 생활하면서 엠알스 멤버들은 서로가 서로에게 유일한 친구이자 가족 같은 존재가 되었다. 덕분에 개성 강하고 독특한 성격의 멤버들이지만 서로의 다양성이 어우러지면서 오랜 시간 함께할 수 있었다.

하지만 혹독한 남극의 환경은 엠알스에게도 적응하기 쉽지 않았다. 불과 어제까지만 해도 남극에서의 생활에 지쳐 있지 않았던가!

새미는 리더로서, 멤버들을 다독여 빙하 콘서트와 지구 멸망 프로젝트라는 두 가지 큰 사명을 모두 성공시키고 싶다는 마음이 더욱 커졌다. 또 각자 남모를 고민과 어려움이 있을 수 있으니 이번 기회에 서로 허심탄회하게 이야기를 나눠 보기로 하였다.

"이제 콘서트 이야기 좀 해볼까?"

"으음… 새미 언니, 나 사실 할 말이 있긴 해. 난 빙하 프로젝트도 중요하지만, 무엇보다 콘서트 때 어떤 춤을 춰야 할지 신경이 쓰여. 춤 연습을 하고 안무를 짜야 하는데, 도통 눈과 얼음 위에서 춤을 춘다는 게 뜻대로 되지 않아서 말이지. 오랜만의 컴백 무대인데, 멋진 공연을 보이지 못할까 봐 걱정이야."

"크흐~ 역시 아리는 엠알스 최고의 댄서다워! 음… 아리, 오히려 남극의 환경을 최대한 이용해 보는 건 어때? 색다르게 안무를 고민해 보는 거지."

"그래. 새미 언니 말대로 색다르게 네 펭귄 친구 아델리처럼 뒤뚱뒤뚱, 아니면 얼음 위에 배를 대고 스윽~ 미끄러지는 것도 재밌겠는걸!"

"오! 모어, 좋은 생각이야. 재미있는 춤이 나오겠어."

"모어, 너는 옷을 펭귄처럼 검고 하얗게 발목까지 내려오도록 입으면 어때?"

"오! 루카, 그 아이디어 좋은데! 특별히 의상 디자인에 반영해 보겠어. 히히! 대원들에게 선글라스도 빌려야지."

"이걸 저렇게 진지하게 받는다고? 역시 모어는 엉뚱해."

이렇게 또 엠알스는 한걸음 나아간다. 새미는 화성이 그리워질 때면 좋아하는 책을 찾아 읽으면서 마음을 다독이고, 아리는 눈과 얼음에서의 부자연스러운 움직임에 오히려 영감을 받아 새로운 안무를 짜기 시작하였다.

루카는 불안정한 시스템에 짜증을 내지 않고, 귀찮지만 몸을 움직여가며 소통을 시도해 보기로 하였다.

모어는 이글루 안이 답답해질 때마다 새미랑 주변 산책을 해도 좋다는 허락을 받았고, 또 색다른 얼음 간식 레시피를 직접 만들기 시작해 요즘은 주방에서 목격되는 경우가 잦아졌다. 그리고 정모 박사는 멤버들이 연습하며 일상을 보내는 사진을 찍어 SNS에 올리느라 바쁘다.

엠알스에게 악플이라니!

남극 빙하 콘서트 준비를 거의 끝낸 엠알스! 정모 박사는 엠알스의 컴백 소식과 남극 콘서트를 여러 매체에 알리기 시작하였다.

역시나 세계적인 팬덤을 가진 엠알스의 컴백 소식은 그 반응도 컸다. 새로 데뷔해서 막 인기를 끌던 아이돌 대신 엠알스의 컴백 소식이 메인 뉴스를 장식하기 시작하였다. 남극에서의 콘서트라니 기존에 볼 수 없던 새로운 시도에 대해서도 관심이 높았다.

빙하 콘셉트에 대한 기대감이 커지면서 벌써부터 패션계

에서는 어떤 아이템이 나올지 예측하고 나섰다.

또 아이스버킷 챌린지도 성황리에 진행되면서 SNS상에서 경쟁적으로 더 많은 얼음을 뒤집어쓰는 일이 이어져 한때 얼음 수급이 어려워지기도 하였다. 얼음을 구하기 어려운 더운 나라의 팬들은 챌린지를 하기 위해 추운 나라로 여행을 가는 일까지 생겼다.

아직 콘서트 날짜도 정해지지 않았지만, 엠알스가 남극에서 콘서트를 한다는 소식만으로도 남극 여행 상품이 기획될 정도였다.

"크흠… 그런데 말이야…. 지금 분위기에서 이런 이야기를 하는 게 좀… 그렇긴 하지만 말이지…."

"박사님, 무슨 일 있어요? 심각한 일이에요?"

"모어, 흥분하지 말고 들어보렴. 사실은 세계 곳곳에서 많은 사람들이 빙하 장례식을 치르면서 우리에게도 빙하를 지키기 위한 목소리를 촉구하고 있단다."

"빙하가 사라지는 것 때문인가요?"

"크음. 그런 것 같구나, 모어. 저들의 논리가 꽤 설득력 있기는 하단다. 우리가 남극에서 콘서트를 한다는 소식이 오히려 그동안 사람들이 소홀히 여겼던 남극의 온난화에 대한 관심을 불러일으킨 것 같구나. 몇몇 과학자들은 엠알스 콘서트에 반대하며 빙하 장례식 퍼포먼스를 벌였다고 기사가 났단다."

음… 그러고 보니 **#온난화** 또는 **#기후변화**와의 연관 검색어를 검토해 봤을 때, 확실히 엠알스 컴백 소식 이후에 **#남극**이 연관 검색어로 더 많이 노출되고 있네요. 이런….

아이슬란드에서는 700년 동안 오크 화산을 덮고 있던 빙하가 사라진 데 대한 빙하 장례식이 열렸고, 스위스의 알프스 기슭에서도 원래 크기의 90% 정도를 잃게 된 피졸 빙하에 대한 추모식이 있었다.

이들은 온난화로 지구 곳곳에서 빙하가 사라지고 있는데, 이러한 상황에서 사회적으로 영향력 있는 엠알스가 빙하 콘셉트로 컴백하면서 얼음을 낭비한다고 지적하였다.

그러면서 빙하를 위협할 것이 아니라, 빙하를 지키기 위한 목소리를 내달라며 책임감 있는 행동을 촉구하였다.

예상보다 빙하 장례식 퍼포먼스의 반향은 컸다. 이에 점차 함께하는 사람들이 늘어나면서 엠알스 기사에 악플도 점점 많아졌다. 주로 엠알스가 지구 최고의 아이돌이면서도 지구의 환경 문제에 대해서는 무지하다는 지적이었다.

또 밍즈를 비롯해 엠알스 팬들이 얼음을 구하느라 무자비하게 빙하를 훼손하는 문제에 함께 책임지라는 말들이었다.

이 와중에 남극 빙하가 지구에서 얼마나 소중한지를 보여주는 다큐멘터리가 크게 인기를 끌면서 엠알스에 대한 비판은 더욱 커졌다.

이에 엠알스 공식 팬클럽 '밍즈'는 지금까지 겨우 컴백한다는 소식과 빙하 콘셉트로 남극에서 콘서트를 한다는 단편적인 정보만 나온 터이니, 엠알스의 구체적인 입장을 기다려 보자는 반응이었다.

"참나, 남극 빙하가 저렇게 소중했던 거야? 그러면 대체 왜 지금까지 다 녹아 없어지게 내버려두었던 거야?"

"모어, 내가 하고 싶은 말이 바로 그 말이야."

"아마도 많은 지구인들이 이제까지 지구 온난화에 대해서는 알고 있었지만 남극 빙하의 중요성은 잘 모르고 있었던 듯해. 남극에는 오랜 세월 거주한 사람이 없잖아. 그러니까 체감하지 못했겠지."

"**#남극빙하해빙**을 검색해 보면, 남극의 빙하가 다 녹아 버리면 무려 약 60미터나 해수면이 상승한다고 해."

"새미의 말대로, 지구인들이 우리 콘서트를 계기로 비로소 남극에 관심을 가지게 된 것 같구나!"

"**#해수면상승침수**로 검색해 보면,
지금도 이미 해수면 상승으로 피해 받는 곳들이 있다고 해.
지구 온난화는 지금도 진행 중이니까.
남태평양의 섬나라 중 하나인 투발루에서는
국토 포기 해프닝도 있었다고 해."

"참, 루카가 검색한 자료에 덧붙여 설명하면, 남극 대륙 위에 있던 얼음이 녹아 그 물이 바다로 들어가면서 바닷물의 양이 많아져 해수면이 높아지는 거란다."

"와! 60미터면 20층 건물 높이쯤 되는 거네요? 남극 빙하가 다 녹으면 지구인들은 산에서 살아야겠는걸요!"

"으아, 모어. 난 산에서 살기 싫어. 남극이 이렇게 중요한 곳이었다니! 이렇게 춥기만 하고 눈보라만 날리는 곳인데…."

"나도 그래, 아리. 괜히 우리가 남극 콘서트를 한다고 했나 봐! 우리가 이러려고 유명해진 게 아닌데 말이야."

"아리, 모어… 진정해라. 우리가 의도치 않게 지구인들이 빙하를 지켜야 한다고 똘똘 뭉치게 해버렸구나. 우리 컴백 소식 초반만 하더라도 얼음을 그렇게 흥청망청 쓰더니 말이다."

정모 박사의 악플 대처법은?

"생각해 보렴. 남극의 빙하가 다 녹아 없어져 버리면 우리가 화성으로 보낼 빙하도 사라지게 되는 거잖니. 안 한다는 게 아니라 다음 기회를 기다리자는 거지!"

"화성으로 보낼 빙하를 더 많이 확보하기 위해서 지구 남극의 빙하를 회복시킨다?"

"새미, 바로 그거란다. 내가 지난 회의 때도 이야기하였지만… 지구인들은 이미 온난화라는 문제를 충분히 일으키고 있으니, 우리 프로젝트 성공에는 큰 영향이 없단다. 우선 남극 빙하라도 우리가 회복시켜 더 많이 확보해야지."

"저는 이미 우리의 미래를 알고 있었다고요. 히히. 지난번에 저희 콘서트 때까지 계획을 미룬다고 말씀하셨을 때 그 정도 기간으로는 부족할 텐데 하고 생각했다니까요."

"크흠, 모어. 이젠 내 마음까지 들여다보는구나. 참, 루카 너도 동의하는 거니?"

"저야 박사님이 하시는 일은 뭐든 동의하죠. 남극 빙하를 어떻게 회복시킨다는 건지는 모르겠지만, 귀찮은 일만 아니면 다 할게요."

"루카, 저 녀석도 참. 열심히 다 하면서 꼭 말을 저렇게 하는 경향이 있다니까!"

정모 박사는 계속되는 입장 표명 요구에 엠알스의 이번 활동은 남극의 아름다움과 빙하의 중요성을 알리기 위한 목표를 가진다고 발표하였다.

활동에 대한 구체적인 발표가 있기 전에 진행된 아이스버킷 챌린지로 얼음을 낭비하고 일부 빙하를 파괴한 팬들의 행위에 대해서는 유감을 표시하였다. 그리고 빙하 보호를 위한 단체에 후원함으로써 도의적 책임을 지겠다고 하였다.

이러한 발표 직후 역시 엠알스는 지구를 사랑하고, 유명세만큼이나 책임감 있는 아이돌이라는 기사가 쏟아지기 시작하였다. 다행히 지구 최고의 아이돌로서 엠알스의 명성과 활동은 이번에도 계속될 듯하다.

엠알스는 남극의 아름다움과 빙하의 중요성을 알리기 위한 새로운 목표가 생긴 만큼 콘서트 준비에 박차를 가하기 시작하였다.

먼저 루카는 빙하를 생각하며 새로운 곡 만들기에 들어갔다. 이전에 작업한 곡은 얼음을 부딪치면 나는 경쾌한 느낌의 소리들을 활용하였는데, 이번에는 빙하 코어에서 얻은 데이터를 소리로 바꿔 보려고 한다.

◆ **빙하 코어** 빙하 깊숙이 구멍을 뚫어 길게 뽑아낸 얼음 기둥 덩어리.

아리는 아델리와 시간을 보내며, 남극의 혹독한 환경 속에서도 많은 생명이 살아가고 있다는 것을 알게 되었다. 이끼나 풀과 같은 키 작은 식물들도 있고, 깔따구 종류의 곤충도 살아간다. 또 바다에서 플랑크톤을 먹고 사는 크릴과 크릴들을 먹이로 삼는 펭귄, 고래, 물범, 물고기들도 있고, 남극의 하늘을 날아다니는 갈매기류도 있다.

아리는 펭귄의 움직임뿐만 아니라 남극에서 살아가는 여러 생물들이 서로 연결되어 관계를 맺으며 지낸다는 의미로 사슬 춤을 생각해 냈다.

모어는 보컬 연습 틈틈이 얼음 간식 만들기 도전을 계속하고 있다. 또 루카가 지난번에 장난처럼 말했던 펭귄의 흑백 모습을 모티프로 해서 본격적으로 엠알스 무대 의상을 만들고 있다. 마카로니 펭귄의 노란 볏, 젠투 펭귄의 주황 부리, 황제 펭귄의 황금색 목털, 턱끈 펭귄의 턱 줄무늬 등 남극에 살고 있는 여러 펭귄들의 독특한 특징들도 포인트로 활용할 생각이다.

위험하지만 않다면 남극 대원들이 타고 다니는 스노우모빌을 타고 무대에 등장하는 퍼포먼스도 해볼까 고민 중이다.

남극에서 유난히 많은 일을 겪었던 새미는 자신이 경험한

일들과 느꼈던 것을 노랫말로 쓰고 있다.

　남극이 생각보다 따뜻해서 당황했던 일, 허허벌판에서 이글루를 만들어 본부를 차린 일, 탐사 도중 블리자드를 만났던 일, 남극 대원을 만나고 남극 탐사대와 함께 운석을 찾아다녔던 일, 그리고 남극이 겪고 있는 온난화와 그를 극복하기 위한 사람들의 관심과 노력, 남극 빙하 회복을 응원하는 엠알스의 마음이 담겨 있다.

　새미는 지구인들이 남극의 아름다움과 중요성을 알아주길 바라며, 한 줄 한 줄 정성껏 적어 내려갔다.

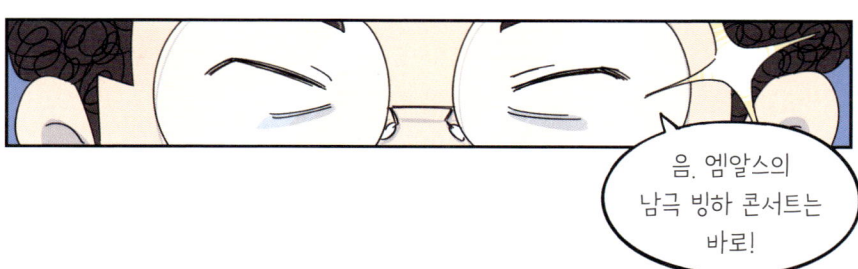

드디어 엠알스의 남극 빙하 콘서트 날짜가 정해졌다. 팬들도, 엠알스 멤버들도 모두 기다리고 기다리던 날이다. 그동안 혹독한 남극에서 연습하고 준비했던 모든 것을 쏟아낼 콘서트! 이번 콘서트에 대해 악플과 비판도 있었지만, 오해를 풀고 팬들에게 다시 우뚝 설 그날!

남극 콘서트 논란과 작전 목표 조정

- ☑ 남극 콘서트 소식이 공개되면서 지구 곳곳에서 빙하 장례식 퍼포먼스와 함께 엠알스를 향한 비판 여론이 확산됨.
- ☑ 엠알스 멤버들, 정체 노출 위기와 비판 여론 속에서 심리적 동요를 겪음. 게다가 각자 향수병과 회의감을 겪으며, 남극의 생물, 환경, 탐사대와의 교류 속에서 남극의 아름다움과 연결성에 대한 감정적 공감이 커짐.
- ☑ 정모 박사는 남극의 빙하를 회복시키는 쪽으로 방향 전환을 선언함.
- ☑ 콘서트는 남극 보호와 빙하의 소중함을 알리는 목적으로 다시 기획함.
- ☑ 작전 성공 후 더 많은 빙하를 확보해 화성으로 이송할 수 있도록 장기 전략 수립 중.

향후 과제
- ☑ 지구인의 감정과 관심을 활용한 간접 작전 유지
- ☑ 빙하 관련 이슈를 활용한 SNS 홍보 메시지 변경
- ☑ 엠알스 정체 노출 방지 강화

주의 사항
- ☑ 지구의 관심은 때로는 위험하다. 우리가 주목받는 이유가 콘서트인지, 작전인지 구분되지 않게 해야 한다. 엠알스 파이팅!

6

남극
빙하 콘서트의
대성공
feat.오로라

남극 빙하 콘서트, 좋아요!

드디어 1월 2일! 콘서트 날이 밝았다. 사실 지금은 남극의 백야로, 아침이 밝았다고 말하는 게 어색하긴 하다.

지구는 자전축이 약 23.5도 기울어진 채 자전을 하면서 낮과 밤이 생긴다. 태양빛을 받는 시간 동안이 낮, 반대편에 놓일 동안이 밤이다. 그런데 남극이 태양을 향해 기울어진 11~2월에는 지구가 자전을 해도 여전히 태양을 향해 있어 밤이 되어도 해가 지지 않는 현상이 나타난다. 이를 백야라고 부른다. 덕분에 콘서트를 앞두고 넘치는 체력으로 밤늦은 시간까지 환한 남극에서 연습에 매진할 수 있었다.

드디어 엠알스가 스노우모빌을 타고 멋지게 무대로 입장하였다. 그런데 어찌된 일인지 원래 계획했던 얼음 놀이터와 얼음 조형들로 장식된 무대가 보이지 않는다. 빙하를 보호한다는 새로운 목표와 함께 무대 콘셉트가 수정되었나 보다.

아무리 그렇다고 해도 남극의 얼음 벌판밖에 보이지 않다니! 무대로 여겨지는 곳에 설치된 음향 및 영상 촬영 장비 정도만 눈에 띌 뿐이다. 다른 때 같으면 길게 늘어선 입장 줄과 미처 콘서트 티켓을 구하지 못한 팬들이 콘서트장 주변에 잔뜩 모여 있기 마련인데, 밍즈들의 모습도 보이지 않는다. 이렇게 조용한 콘서트가 있을 수 있을까?

엠알스 팬들 대신 정모 박사가 초청한 세종기지 대원들과 아델리를 포함한 펭귄 친구들이 작은 무리를 지어 멀뚱멀뚱 모여 있을 뿐이다. 하지만 이러한 상황에 엠알스와 정모 박사는 전혀 당황한 기색이 없다. 아주 자연스럽게 다른 콘서트 때와 마찬가지로 설레고 신나는 모습이다.

진짜 이대로 콘서트가 시작되는 것인가?

잠시 후 무대를 비추는 조명이 켜지고, 정모 박사는 엠알스의 안무와 동선에 따라 조명과 카메라가 코딩된 자동 콘트롤러 앞에 서서 모니터와 무대를 번갈아 보고 있다.

그때 모니터에 엠알스의 공연 모습이 중계되고 있었다. 이어 수많은 팬들이 접속해서, '좋아요'와 '댓글'이 폭발적으로 올라오고 있었다.

아하! 엠알스의 이번 남극 빙하 콘서트는 온라인 생중계 방식으로 전환되었던 것이다.

남극에서 인터넷 연결은 쉬운 일이 아니다. 정모 박사는 오늘의 온라인 콘서트를 위해서 화성 본부에 연락해 특별히 우주 인터넷망 사용을 허락받았다. 덕분에 공식 팬클럽 밍즈를 비롯해 전 세계 엠알스 팬들이 남극에서의 콘서트 실황을 편하게 즐길 수 있게 된 것이다. 물론 그 배경에는 화성인들의 과학기술이 숨어 있다는 것은 모른 채 말이다.

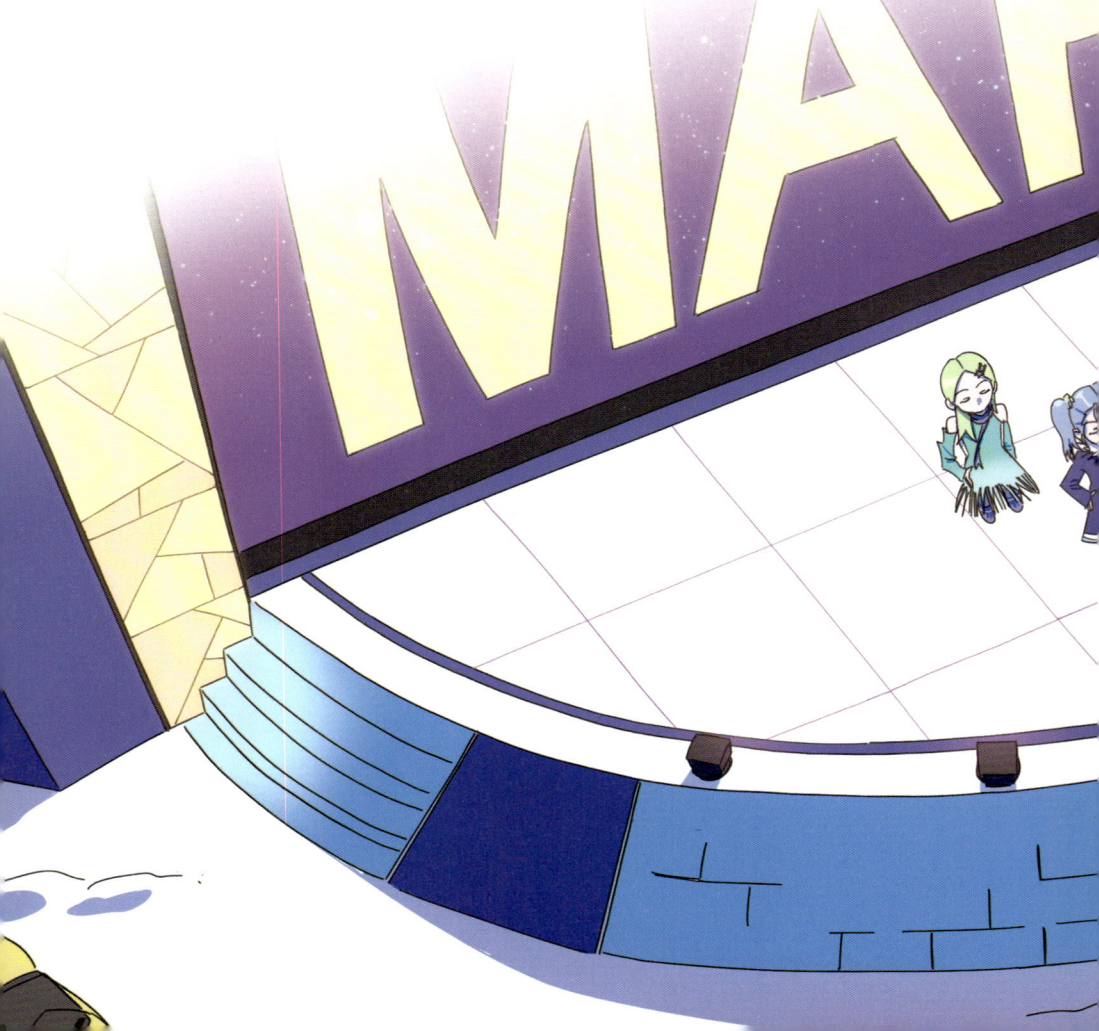

이번 컴백 무대를 온라인 콘서트로 하기로 한 것은 순전히 남극의 빙하를 보호하기 위해서이다. 콘서트 관람을 위해 수많은 팬들이 전 세계에서 남극으로 이동하면 이산화 탄소가 크게 배출되고, 남극의 환경이 훼손될 수도 있기 때문이다.

무대 조명과 촬영, 중계 등에 필요한 전기는 백야 기간 동안 충분히 모아 저장한 태양 에너지와 블리자드와 같은 세찬 남극의 바람에서 얻은 풍력 에너지를 활용하였다. 또 엠알스가 입은 무대 의상은 남극기지에서 나온 폐텐트와 옷가지 등을 재활용해 만든 것이다.

"여러분도 보시다시피 여기 남극은 이렇게 눈과 얼음으로 하얗게 덮여 있답니다. 태양빛이 반사되어 눈이 많이 부시죠. 그래서 선글라스를 끼고 노래하려고 합니다."

"다음 곡은 저 새미가 작사한 이번 앨범의 타이틀곡입니다. 제목은 '차갑게 빛나는 여기, 그리고 우리'입니다."

"아, 그 전에 여러분들께 공지드릴 게 있어요. 저희가 이번 곡을 부르는 동안 저희 무대 위 남극의 하늘을 집중해서 봐 주시겠어요? 제 별칭인 럭키아리처럼 아마 어디에서도 보기 어려운 아름다운 광경을 보실 수 있을 거예요."

"그리고 혹시 남극에서의 인터넷 통신이 불안정할 수 있으니 종종 화면이 끊어지는 경우, 인내심을 가지고 조금 기다려 주시길 부탁드립니다. 우리 밍즈들, 그렇게 해 주실 수 있죠?"

"자, 이제 준비가 되었습니다. 그럼 노래, 큐!"

차갑게 빛나는 여기, 그리고 우리

작사 새미
작곡 루카

새로운 시작을 위해
설렘을 안고 내딛는 이곳
우리의 기대와는 달리
따뜻하고 푸르렀던 이곳

당차게 디뎠던 첫걸음은
하염없는 터덜거림으로 이어지고
걸을수록 거세지는 바람과
나아갈수록 매서워지는 추위

흩어진 우리의 마음은 하나가 되어
차가운 얼음은 따뜻한 집이 되고
매서운 바람은 만남의 기회가 되고
새하얀 눈밭은 우리의 무대가 되지.

차가워야 빛나는 여기
그 안에서 빛나는 우리
두꺼운 빙하와 함께
두터워진 우리의 우정

하늘을 수놓은 오로라
지구를 수놓는 너희들
우주를 수놓을 엠알스!

바로 여기,
차갑게 빛나는 남극에서
바로 우리,
언제나 반짝이는 엠알스가
바로 지금,
영원히 찬란할
지구를 노래해!

콘서트 뒤에 숨은 비밀들

엠알스가 남극을 주제로 발표한 이번 앨범의 타이틀곡은 콘서트를 보고 있는 모든 팬들의 마음에 큰 울림을 주었다.

엠알스가 한마음으로 노래를 부르는 동안 남극의 하늘에는 희미하게 오로라가 펼쳐졌다. 지금은 백야 기간이라 또렷하게 하늘을 감싸는 듯한 오로라의 모습은 아니었지만, 시간이 지나 남극의 어둠이 깊어지는 극야가 다가오면 오로라는 더욱 밝게 빛날 것이다. 마치 남극이 온난화로 미래가 어둡다고 할지라도 엠알스를 비롯한 지구인들이 남극을 사랑하고 지키려는 노력이 빛을 발하는 것처럼 말이다.

오로라는 태양에서 나온 전기를 띤 입자들이 대기의 입자들과 충돌하면서 빛을 내는 현상이다. 초록, 빨강, 보라, 노랑 등 다양한 빛깔의 오로라가 나타난다.

지구인들은 접근성이 상대적으로 더 좋은 북극 주변 지역으로 오로라를 보러 가곤 하지만, 남극에서도 오로라를 관측할 수 있다.

태양에서 평소보다 더 많은 입자가 매우 빠르게 방출되는 태양 폭풍이 일어날 때 오로라는 더 활발하게 관측된다. 그런데 태양 폭풍은 오로라만 일으키는 것이 아니라 위성 및 통신에 문제를 일으키고 전력망을 망가뜨리는 따위의 피해를 일으키기도 한다.

"크흠~ 아주 좋아. 백야임에도 저렇게 오로라가 보이다니 말이야. 하하! 이 모습을 위해 바로 이때를 기다렸지. 화성인들이 설치한 우주 인터넷을 사용하고 있긴 해도 태양 폭풍 때문에 중계가 아주 원활하지 않아 아쉽지만. 뭐, 감수할 수 있는 정도니까."

정모 박사는 콘서트 온라인 생방송을 바라보며 이 모든 걸 자신이 의도한 것처럼 말하고 있다. 그런데 사실 정모 박사가 콘서트 날짜로 정한 1월 2일은 태양의 활동이 활발해져 강력한 태양 폭풍이 불 것으로 예상되는 날이었다. 덕분에 전 세계의 많은 팬들이 아름다운 남극의 오로라를 화면으로 즐길 수 있었던 것이다.

남극에 와서 루카의 시스템이 불안정해진 원인을 살펴보던 정모 박사는 그 까닭이 바로 태양풍 때문임을 알아차렸다.

화성에는 지구와 같은 자기장이 없어서 태양풍으로 대기가 사라지고 있다. 그런데 지구는 자기장이 있어서 생명들이 살아가기에도 안전하고, 오로라와 같은 멋진 광경도 볼 수 있는 것이다. 정모 박사와 엠알스는 정말이지 이 혜택 받은 행성이 부러울 따름이다.

"참, 소개하고 싶은 분들이 있어요. 이 혹독한 남극의 환경에서도 늘 열심히 연구하시는 남극 탐사대원들께서 이 자리에 오셨어요! 남극에 대한 관심과 더불어 이분들께도 응원과 격려의 박수를 보내 주시면 좋겠어요."

"남극에 살고 있는 펭귄들도 저희를 보러 왔답니다."

"아, 콘서트가 끝난 후 SNS에서는 '엠알스 콘서트에서 발견한 남극의 아름다움'을 주제로 후기 이벤트가 이어지니 많은 관심과 참여 부탁드려요."

하얗게 빛나는 빙하, 해가 지지 않는 백야, 그리고 화려한 색으로 하늘을 수놓은 오로라. 남극의 아름다움을 엠알스 팬클럽 밍즈와 전 세계 팬들과 함께할 수 있어 엠알스는 너무 기뻤다.

이렇게 엠알스의 남극 빙하 콘서트는 성황리에 마무리되었다. 열심히 엠알스의 응원봉을 흔들며 공연을 즐겼던 남극 탐사 대원들, 멀리서 아리를 응원하던 아델리와 그 무리들도 모두 자신들의 기지와 둥지로 돌아가고, 무대 조명과 카메라, 중계 화면도 모두 꺼졌다.

정모 박사의 긴장도, 엠알스의 흥분도 모두 가라앉고, 안도감과 기쁨의 잔상만이 이글루 본부에 남았다.

　콘서트를 끝내고 이글루 본부로 돌아온 엠알스와 정모 박사는 이제 콘서트의 감격을 뒤로 하고, 지구 멸망 프로젝트를 수습해야 할 때이다. 물론 화성으로 보낼 빙하를 더 많이 확보하려는 명분은 있지만, 어쨌거나 지구 멸망 프로젝트가 미뤄지게 될 테니 본부에 보고할 마땅한 변명거리가 필요하다. 그때 정모 박사의 눈에 운명처럼 들어온 운석 조각!

"저건 뭐니? 저 탁자에 놓인 것 말이다."

"아, 지난번 남극 탐사대에 따라갔다가 찾은 운석 조각이에요. 고향 생각이 나서 늘 갖고 다니고 있어요."

"크흠… 왠지 익숙한 느낌이 드는데…. 이거 내가 자세히 좀 살펴봐도 되겠니?"

"물론이지요."

정모 박사는 새미가 주워 온 운석을 이리저리 살펴보았다. 연구실에 운석 조각을 가지고 들어갔다, 한참 후에 나온 정모 박사는 한껏 밝아진 표정이었다.

"자, 다들 모여 보렴."

"저… 박사님, 혹시 제가 가져온 운석 조각에 무슨 문제라도 있는 걸까요?"

"새미 언니도 참, 지금 박사님 표정을 보니 엄청 기쁜 느낌인걸!"

"크흠. 역시 모어는 내 맘을 잘 아는군! 문제라니, 그게 무슨 소리니? 이게 복덩이란다, 복덩이!"

"복덩이요? 박사님, 대체 그게 뭐길래 그러시는데요?"

"이게 화성에서 온 거란다, 화성에서! 게다가 화성에서 우리에게 보낸 메시지였단다. 자, 루카. 이제 얼른 화성 본부에 보고할 준비를 하자꾸나."

"네? 조금 전까지는 지구 멸망 프로젝트가 미뤄지는 문제 때문에 보고를 망설이시더니…."

"하하하. 다 해결되었단다. 이 운석 덕분에 말이다!"

정모 박사가 분석한 운석 조각은 다름 아닌 화성에서 지구로 보낸 메시지였다. 태양 폭풍으로 지구와의 통신이 불안정해지자 화성 본부에서도 급한 마음에 엠알스와 정모 박사가 있는 남극으로 지극히 아날로그적인 방식의 메시지를 보낸 것이다.

새미와 함께 탐사에 나섰던 남극 탐사대가 한꺼번에 발견한 운석 조각들 모두, 발견 확률을 높이기 위해 화성에서 남극으로 보낸 여러 개의 중복 메시지들이었던 것! 물론 지구인들은 그 안에 새겨진 메시지를 해석할 수 없으니 그저 단순한 운석이었겠지만 말이다.

메시지에는 다음과 같은 내용이 기록되어 있었다.

❝ 정모 박사가 지구의 남극에서 채취하여 화성으로 보낸 빙하 샘플에서 바이러스가 발견되었다. 이 바이러스는 지구에도 보고된 바가 없는 종으로, 화성에도 유입되면 안 될 위험성이 존재하는 것으로 밝혀졌다. 따라서 남극의 빙하를 화성으로 보내는 작전은 당장 중단하라. ❞

지구 멸망 프로젝트는 끝나지 않았다

보고는 잘 마무리했단다!

엠알스의 남극 빙하 콘서트는 성공적으로 마쳤으며, 전 세계적으로 팬들이 더 많이 늘어났다. 특히 지구를 사랑하고 환경을 보호하기 위해 앞장서는 책임감 있는 아이돌로서의 이미지가 확고해졌다. 이로써 엠알스의 정체에 대해서는 들킬 위험이 한층 더 낮아졌다. 화성의 극관을 채우기 위한 남극 빙하 이송 계획은 중단하겠다. 깨끗한 남극 빙하를 더 확보할 수 있도록 지구 온난화를 막고 남극의 빙하를 지킬 수 있는 방안을 강구해 보겠다.

정모 박사의 보고를 받은 화성 본부에서는 지구 멸망 프로젝트가 지구를 지키는 프로젝트가 되어서는 안 된다고 반대 의견을 보내왔다. 그러면서 남극 빙하에서 발견된 바이러스를 비롯하여 화성 입장에서 외래종이 될 수 있는 지구 생명체들은 화성에 들어오지 않도록 사전에 차단할 필요도 있다고도 전해왔다. 마지막으로 지구 멸망 프로젝트는 언제까지 계속될 수 없으니 명확한 마감 날짜를 정해서 박차를 가하면 좋겠다는 말도 덧붙였다.

누구보다 화성을 사랑하고 지구 멸망 프로젝트에 책임감이 높은 정모 박사지만, 지금 화성 본부에서 하는 이야기들은 잔소리로만 여겨졌다. 그때 화성 본부와의 통신이 지지직거리더니 연결이 끊어지고 말았다.

이글루 본부 밖의 환한 남극 밤하늘에는 콘서트 때보다 조금 더 밝은 오로라가 번졌다. 정모 박사는 안도의 한숨과 함께 다시 활짝 웃는 표정으로 엠알스 멤버들에게로 돌아갔다.

"그런데 빙하에서 희한한 바이러스가 발견되었다면, 지구인이나 지구 생명체들에게도 위험하지 않을까?"

"새미 언니, 빙하 안에 갇혀만 있으면 괜찮은 것 아닐까? 화성에서는 녹여서 사용하려다가 바이러스가 나온 거잖아."

"오! 역시 럭키아리야. 네 말대로 빙하 안에 갇혀 있으면 문제가 일어나진 않을 듯해! 지구에서도 빙하가 녹지 않도록 애써야 하는 이유가 하나 더 생겼네!"

"지금 SNS에서는 **#엠알스콘서트 #남극의아름다움**을 해시태그로 해서 콘서트에서 발견한 남극의 아름다움 찾기 이벤트가 매우 큰 반응을 보이고 있어. 콘서트 끝난 지 채 몇 시간도 되지 않았는데 말이야."

"오, 빙하, 펭귄, 오로라, 백야, 남극 탐사대, 빙하 코어…. 우리가 이렇게 많은 것들을 보여 줬던가? 내 댄스의 힘이 컷지. 히히."

엠알스가 야심차게 시작했던 남극에서의 지구 멸망 프로젝트는 지구인들이 보기에도 훈훈하게 성공적으로 마무리되었다. 남극의 빙하를 없애는 프로젝트는 비록 엠알스의 명성

을 놓지 않기 위해, 그리고 화성에서의 바이러스 발견으로 중단되었지만, 끝날 때까지 끝난 게 아니다. 그러니 지구인 모두 방심은 금물!

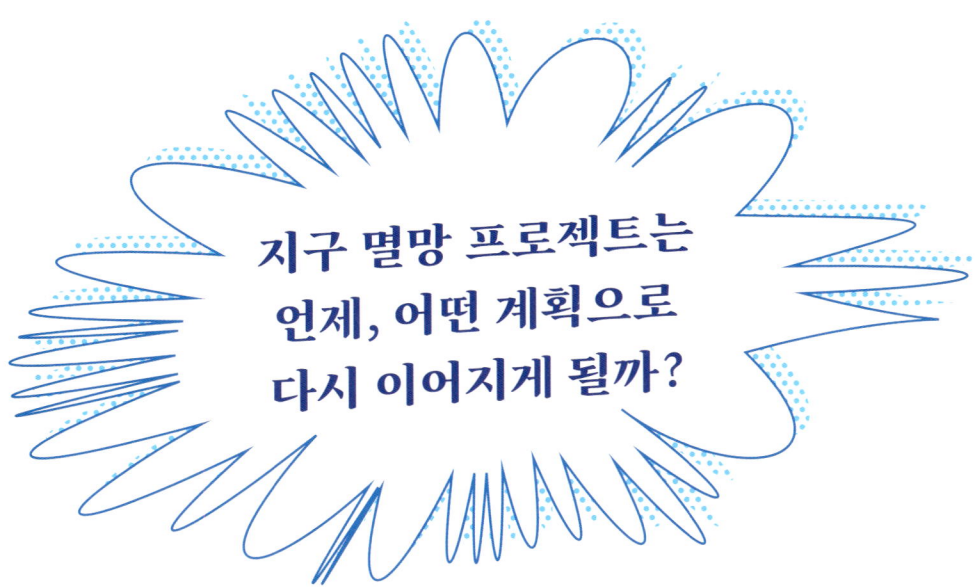

지구 멸망 프로젝트는 언제, 어떤 계획으로 다시 이어지게 될까?

오늘의 보고

성공적인 남극 콘서트, 작전 재조정

- ✅ 엠알스의 남극 빙하 콘서트는 전 세계 온라인 생중계 방식으로 진행함. 남극 환경을 고려해 관객을 직접 초대하지 않고, 폐자원 재활용, 좋아요 캠페인 등 친환경 방식으로 진행됨. 책임 있는 아이돌로서의 이미지가 강화됨.
- ✅ 운석 조각 속에서 화성 본부의 긴급 메시지를 발견함.
- ✅ 화성 본부의 지시를 따라 남극 빙하 수송 작전은 전면 중단하기로 결정함. 지구 멸망 프로젝트의 다음 단계를 위한 새 목표를 검토 중이며, 조만간 화성에 다시 보고할 예정임.

향후 과제
- ✅ 바이러스의 지구 내 잠재 위험성 분석
- ✅ 지구 멸망 프로젝트의 다음 단계 계획 수립
- ✅ 엠알스의 정체 노출 방지 강화
- ✅ 남극 콘서트 이후 팬덤 확장과 후속 메시지 관리

주의 사항
- ✅ "중단된 작전은 새로운 시작일 뿐이다."

  잠시 휴식 후 다음 작전으로! 엠알스 파이팅!